EL
PLAN
DE
DIOS
PARA
ISRAEL

El PLAN DE DIOS PARA ISRAEL

UN ESTUDIO DE ROMANOS 9–11

Steven A. Kreloff

Traducción
María Calzada and Mayra Burns

Editor
Samuel Montoya

Kress Christian
PUBLICATIONS

Publicado por:
Kress Christian Publications
PO Box 132228
The Woodlands, TX 77393
www.kressbiblical.com

A menos que se indique lo contrario, las citas de las Escrituras en este libro son de la versión «Reina-Valera, 1960».

Publicado originariamente en inglés por Loizeaux Brothers Inc.
Adaptado de artículos que aparecieron originalmente en inglés en *Israel, My Glory*, © The Friends of Israel Gospel Ministry Inc., Bellmawr, New Jersey. Usado con permiso.

ISBN 978-1-934952-93-1
BS2665.53 .K7418 2025
227'.106—dc20 95-16044

Diseño editorial y maquetación: Beaux Hargrove
Diseño de portada: Chelsie Hargrove
Imagen de portada: Tanner Mardis

C3∞

En memoria cariñosa de mi madre,
Florence Kreloff,
quien llegó a creer en el Mesías de Israel
horas antes de entrar en Su presencia.

∞∞

Índice

PRÓLOGO

En un día cuando hay una desviación del dispensacionalismo tradicional hacia la teología del pacto, el libro de Steven Kreloff *El Plan de Dios para Israel* aparece como un soplo de aire fresco. Su lúcido tratamiento de Romanos 9–11 es una exposición excelente del pasado, presente y futuro de Israel.

A diferencia de los neo-dispensacionalistas, que afirman ser «progresistas,» Kreloff sigue la Escritura mostrando claramente la completa distinción entre Israel y la iglesia. Las promesas a Israel no se cumplen en la iglesia.

Se me permitió el privilegio de leer el manuscrito original de este libro y estoy encantado de endosarlo. Hay mucha necesidad de este tratado, porque su tema es muy mal entendido. Los estudiantes y maestros de la Palabra de Dios que lean este libro serán ricamente recompensados.

LEHMAN STRAUSS

PREFACIO

El título de este libro declara que su tema es el plan de Dios para Israel. Sin embargo, eso es sólo una parte de la historia. De una manera más específica, este libro trata sobre la justicia de Dios en Sus tratos con el pueblo judío. Mientras que los libros abundan con relación a Israel y la profecía, los autores rara vez escriben acerca de la fidelidad de Dios en relación con los hijos de Jacob. Por tanto, me he esforzado por presentar una exposición de la enseñanza de Pablo en Romanos, capítulos 9 al 11, con respecto a la integridad de Dios en Sus tratos con Israel. Yo veo los capítulos 9 al 11 como críticos, no como parentéticos, al argumento del apóstol en Romanos. Así como el evangelio de Cristo revela la justicia de Dios (Rm 1,17), los tratos pasados, presentes y futuros de Dios con Israel también muestran Su carácter justo.

Las doctrinas de la soberanía de Dios y la responsabilidad humana coexisten sin conflicto en Romanos 9–11. Hay una gran necesidad entre los evangélicos de entender que la soberanía de Dios en la elección no niega la responsabilidad humana en la salvación o en el evangelismo. Mi deseo es que los lectores de mi comentario no traten de reconciliar estas dos verdades teológicas, sino que concluyan con Pablo: «¡Oh profundidad de las riquezas y de la sabiduría y del conocimiento de Dios!» (Rm 11,33).

Esta exposición de los capítulos 9 al 11 de Romanos apareció originalmente en forma de artículos en la revista en inglés *Israel My Glory* [Israel mi gloria] de octubre de 1987 hasta enero de

1990. Las muchas respuestas que recibí de los lectores me animaron a presentar mis ideas en forma de libro.

Estoy inmensamente agradecido con mi amiga Jackie Di-Nardo por su trabajo editorial, por digitar el manuscrito, y por su apoyo. Sin ella este libro nunca habría sido una realidad. Gracias especiales también para los ancianos y la congregación de Lakeside Community Chapel por darme libertad para estudiar y enseñar la Palabra de Dios. Estoy particularmente agradecido con los líderes de Friends of Israel Gospel Ministry [Ministerio evangélico amigos de Israel], quienes fueron los primeros en permitirme poner esta enseñanza de los capítulos 9 al 11 de Romanos en forma impresa; a mi secretaria Ruth McAllester, quien hizo una variedad de trabajos relacionados con el comentario; a mi colega J. Michael Dyck, quien se tomó el tiempo para revisar el texto; a Paul Enns y Phil Johnson, quienes compartieron su pericia en este tema; al Dr. Lehman Strauss, quien expresó confianza en la obra; y a mi esposa Michele y nuestros tres hijos — Ben, Sarah, y Rachel— quienes perseveraron conmigo durante el proceso de traer este libro a la vida.

STEVEN A. KRELOFF

INTRODUCCIÓN

Cuando acepté a Cristo como mi Salvador, siendo estudiante del primer año de universidad, me preguntaba si yo era la única persona judía que alguna vez hubiera tomado esta decisión. A su debido tiempo, mientras leía el Nuevo Testamento, descubrí que la iglesia del primer siglo era casi exclusivamente judía. Sus miembros eran judíos. Su fe estaba puesta en el Mesías judío. Creían en un mensaje que era predicado en la tierra judía. Revisaban las Escrituras del Antiguo Testamento para entender la verdad espiritual del Nuevo Testamento.

En los primeros días de la iglesia el pueblo judío era muy receptivo al mensaje de Jesucristo. En el día de Pentecostés, cuando nació la iglesia, tres mil judíos fueron salvos (Hch 2,41). Pronto, miles más recibieron a Cristo (Hch 4,4). Parecía que en poco tiempo la nación entera de Israel se arrepentiría y creería en el evangelio. Pero el liderazgo corrupto se opuso al evangelio y la marea cambió. Esteban, un gran hombre de fe, fue martirizado y surgió una severa persecución. Los creyentes se dispersaron por todo el Imperio Romano (Hch 8) y de repente la gente judía ya no entraba por cantidades al reino de Dios. En cambio, muchos judíos se volvieron opositores amargados del cristianismo mientras que multitudes de gentiles se volvían a Cristo en busca de salvación.

Este extraño giro de eventos desconcertó a los judíos cristianos del primer siglo. Ellos sabían que las Escrituras del Antiguo

Testamento enseñaban que, con la venida del Mesías, Israel sería salvo y bendecido y se cumplirían muchas promesas maravillosas. Sin embargo, Jesús el Mesías había venido e Israel, como nación, lo había rechazado. Los primeros cristianos se preguntaban qué sucedería con las promesas que Dios había dado a Israel. ¿Se retractaría Dios de Su palabra? ¿Sería Israel desechado en favor de una iglesia mayormente gentil? Estas eran preguntas lógicas que se planteaban los judíos cristianos en todas partes y especialmente en Roma.

Pablo tenía estas preguntas en mente cuando escribió su Epístola a los Romanos. En su carta, él explicó a fondo el evangelio de Jesucristo y sus implicaciones. Pablo se centró en la justicia de Dios. En los primeros tres capítulos él enjuició a los gentiles y a los judíos y demostró que ambos son culpables ante un Dios santo y en necesidad de justificación divina. En los pocos capítulos siguientes él presentó a Jesucristo como la única provisión de la justificación de Dios. Mediante la fe en Jesucristo, una persona es declarada legalmente justa y, por tanto, es beneficiaria de una paz presente y una gloria futura (Rm 5,1–5).

En Romanos 8, Pablo se extiende sobre el concepto de la gloria futura, enseñando que la salvación en Cristo Jesús es completa y nos llevará directo al cielo. Él comenzó el capítulo afirmando que «Ahora, pues, ninguna condenación hay para los que están en Cristo Jesús,» (8,1) y culminó el capítulo declarando que nada «nos podrá separar del amor de Dios, que es en Cristo Jesús Señor nuestro» (8,39). Todos los versículos entre estas dos magníficas declaraciones fueron diseñados para garantizar que los creyentes están salvos y seguros en Cristo.

Escuchando las palabras de seguridad de Pablo para la iglesia de Cristo, los creyentes judíos en Roma cuestionaban la validez de sus garantías, porque tenían dudas acerca de la seguridad espiritual de Israel. Cuando los hebreos cristianos miraban alrededor de su asamblea y veían una iglesia predominantemente gentil (Rm 11,13), se preguntaban si Dios había terminado con Israel y estaba reemplazándolo con la iglesia. De ser así, razonaban ellos, entonces Él no había cumplido Sus promesas del Antiguo Testamento a Israel. Si Dios había sido infiel en sus tratos con Israel, no se podría contar con Él como fiel en sus tratos con la iglesia. Pablo sabía que muchos estaban dudando de la integridad de Dios, por lo cual en los capítulos 9–11 de Romanos presentó verdades que vindican a Dios de cualquier mal contra Su nación elegida y confirman la justicia de Dios.

El mensaje de Romanos, capítulos 9–11, no es un asunto secundario. No es un paréntesis en la carta de Pablo. Por el contrario, ese mensaje es central a su argumento, porque si Dios ha desechado permanentemente a Israel, Su promesa de seguridad para la iglesia no significa nada. Si Dios ha tratado a Israel injustamente, ¿cómo puede la justicia de Dios revelarse en el evangelio (Rm 1,16–17)? Antes que Pablo pudiera llamar a la iglesia a que demostrara un estilo de vida justo (Rm 12–16), él tenía que establecer el hecho de que Dios no es culpable de ninguna injusticia en conexión con Israel.

El siguiente comentario sobre Romanos 9–11 muestra cómo Pablo defendió la justicia de Dios en Sus tratos con Israel y elogió Su misericordia tanto hacia los judíos como hacia los gentiles. El apóstol reveló los medios por los cuales Dios ha librado a la nación hebrea en el pasado, la razón por la que Él continúa preservando al pueblo judío en la actualidad, y el plan que Él tiene para restaurar a Israel a la posición de privilegio en el futuro.

PARTE I

ISRAEL: EL PASADO

1

LA PASIÓN DE PABLO POR ISRAEL

Romanos 9,1–5

Pablo era considerado un traidor del pueblo judío. Era visto como el Judas del Judaísmo. Quien una vez fuera el más grande campeón de Israel para el judaísmo (Hch 8–9), Pablo se convirtió en un creyente en Jesús, el Mesías (Hch 9,4–6), un apóstol a los gentiles (Rm 11,13), y un maestro de la salvación por gracia (Rm 4). Desde el punto de vista del pueblo judío, Pablo era un enemigo. ¡Cuán equivocados estaban! Pablo amaba a su pueblo con la más profunda de las pasiones.

La Pasión de Pablo
Romanos 9,1–3

Pablo estaba a punto de abordar la incredulidad y el rechazo de Israel al Mesías, y no quería ser mal entendido. No quería que alguien dijera: «¡Te lo dije! ¡Pablo nos odia! ¡Mira cómo se deleita en nuestro dilema espiritual!» Así que aun antes de mencionar la vergüenza, el fracaso y la incredulidad de Israel, él afirmó su amor por sus compatriotas. Él escribió: «Verdad digo en Cristo, no miento, y mi conciencia me da testimonio en el Espíritu Santo, que tengo gran tristeza y continuo dolor en mi corazón» (Rm 9,1–2). Pablo quería que toda persona judía estuviera segura de que él estaba afligido por la condición espiritual de Israel. Su conciencia y el Espíritu Santo confirmaban la autenticidad de su angustia. El corazón de Pablo estaba quebrantándose por la nación de Israel.

No es poco común oír a cristianos piadosos referirse a su amor por el pueblo judío. El amor de Pablo, sin embargo, era tan intenso y tan sincero que él estaba dispuesto a ir al Infierno por la eternidad si eso resultara en la salvación del pueblo judío. El escribió: «Porque deseara yo mismo ser anatema, separado de Cristo, por amor a mis hermanos, los que son mis parientes según la carne» (Rm 9,3). El término «anatema» aquí es la transliteración de la palabra griega *anáthema* que significa «maldición» o «entregar a alguien a Dios para juicio». La palabra «condenación» expresa la misma idea. O sea que el amor de Pablo por su pueblo lo consumía a tal grado que, si fuera posible, él estaba dispuesto a ser condenado en el infierno si ellos pudieran ser salvos en su lugar.

Pablo sabía que él no podía ser condenado al infierno. El acababa de enseñar la verdad en cuanto a que nada «nos podrá separar del amor de Dios, que es en Cristo Jesús Señor nuestro» (Rm 8,39). Pablo también sabía que Israel nunca podría ser salvo por la perdición suya. Sus palabras eran el lenguaje de la pasión, no el de la lógica. Él estaba comunicando el gran anhelo que tenía por la salvación de sus parientes, un anhelo tan profundo que estaba dispuesto a perderse para siempre, si eso fuera posible.

Sólo porque el deseo de Pablo no podía convertirse en realidad, no debemos tomar sus palabras a la ligera. Aunque el apóstol sabía que su anhelo era una imposibilidad teológica, él hablaba en serio cuando lo dijo, e invocó a Cristo, a su conciencia, y al Espíritu Santo para verificar la profundidad de su amor por Israel (Rm 9,1–2).

Muy pocos creyentes pueden identificarse con la profundidad de este amor. Puede que haya personas por quienes estaríamos dispuestos a morir, pero ¿estaríamos dispuestos a pasar la eternidad en el infierno por ellos? El amor de Pablo dominaba su fervor misionero. Su corazón se quebrantó por el fracaso de Israel en abrazar a Cristo. Tal intensidad de amor a menudo falta en el cristiano de hoy. Para nosotros el infierno es a menudo sólo una categoría de teología, un tema académico para discutir. La preocupación de Pablo por las personas perdidas era una angustia de corazón que nos recuerda el llanto de Cristo sobre la ciudad de Jerusalén (Mt 23,37) y luego sufriendo juicio por el pecado de ellos.

Una vez escuché una historia sobre una iglesia que despidió a su pastor porque continuamente le decía a la congregación que se irían al infierno. Luego, su nuevo pastor también les decía que ellos iban con rumbo al infierno. Pero no tenían problema con él. Cuando se les preguntó acerca de las diferentes reacciones hacia los dos pastores, un miembro de la iglesia respondió: «Cuando el primer pastor nos decía que íbamos al Infierno, sonaba como si él estuviera contento por eso; pero cuando el nuevo pastor lo dice, suena como si le rompiera el corazón». Y debiera rompernos el corazón también el que la gente esté perdida. Debería especialmente rompernos el corazón el que Israel esté perdido.

¿Por qué deberíamos afligirnos por los judíos perdidos más de lo que nos afligimos por otras personas perdidas? La razón no es porque las almas de los judíos sean más importantes, sino que se les dio privilegios únicos de los cuales nunca se beneficiaron.

Ninguna otra nación fue jamás bendecida como lo fue Israel; sin embargo, no cosechó nada de sus ventajas espirituales. La tristeza de Pablo era por una nación que, a pesar de sus privilegios, rechazó al Mesías.

Los Privilegios de Israel
Romanos 9,4–5

En Romanos 9,4–5 Pablo enumeró ocho privilegios exclusivos otorgados sólo a Israel:

1. *Adopción como Hijos*

Dios escogió adoptar al pueblo judío como nación. Esta adopción no significaba que cada persona judía individualmente era Su hijo, sino que Israel colectivamente tenía una relación especial con Dios. Moisés escribió: «Porque tú eres pueblo santo para Jehová tu Dios; Jehová tu Dios te ha escogido para serle un pueblo especial, más que todos los pueblos que están sobre la tierra» (Dt 7,6). En Oseas 11,1, Dios llamó a Israel Su hijo. Por medio de la adopción Israel llegó a ser el recipiente del favor especial de Dios.

2. *La Gloria*

Pablo se refería a la *shekinah*, la presencia de Dios en la manifestación visible descrita en Éxodo 40,34–38:

> Entonces una nube cubrió el tabernáculo de reunión, y la gloria de Jehová llenó el tabernáculo. Y no podía Moisés entrar en el tabernáculo de reunión, porque la nube estaba sobre él, y la gloria de Jehová lo llenaba. Y cuando la nube se alzaba del tabernáculo, los hijos de Israel se movían en todas sus jornadas; pero si la nube no se alzaba, no se movían hasta el

día en que ella se alzaba. Porque la nube de Jehová estaba de día sobre el tabernáculo, y el fuego estaba de noche sobre él, a vista de toda la casa de Israel, en todas sus jornadas.

Ninguna nación, excepto Israel, tuvo el inestimable privilegio de la presencia visible de Dios guiándoles, protegiéndoles y reafirmándoles.

3. Los Pactos

Dios hizo un pacto con los líderes de Israel: Abraham, Isaac, Jacob, Moisés y David. Se comprometió a hacer ciertas cosas por Israel que nunca haría por ninguna otra nación.

4. El Entrega de la Ley

Como cristianos leemos la ley de Moisés, pero no fue dada a nosotros. La ley fue dada específicamente sólo a Israel. Algunas de las leyes de nuestros países se basan en la ley de Dios, pero Dios nunca dio Su código legal a ninguna nación excepto a Israel.

5. El Servicio del Templo

Sólo a Israel se le dio el privilegio de servir al Señor en el tabernáculo y en el templo. Todo el sistema de servicio en el templo era un requisito para una adoración aceptable.

6. Las Promesas

Dios le dio a Israel la promesa del reinado del Mesías y la promesa de las bendiciones que emanarían de ese reinado. A ninguna otra nación se le ha dado jamás estas promesas. Todas las demás naciones reciben sus bendiciones a través de Israel y del Rey de Israel.

7. Los Patriarcas

Las naciones del mundo pueden leer en la biblia sobre Abraham, Isaac, y Jacob, pero sólo Israel puede reclamarlos como sus antepasados y como las raíces santas de su nación.

8. El Mesías

Sólo de Israel se puede decir: «y de los cuales, según la carne, vino Cristo» (Rm 9,5). El más grande honor y bendición jamás dados a la nación de Israel es que de sus lomos vino Jesús el Mesías. Jesús era un hombre judío, pero siendo que también era Dios, Pablo añadió: «el cual es Dios sobre todas las cosas, bendito por los siglos. Amén» (9,5).

Ninguna otra nación ha sido jamás tan bendecida como Israel. Ningún otro pueblo ha sido jamás tan privilegiado como el pueblo judío. Sin embargo, a pesar de sus privilegios y bendiciones, ellos oficialmente rechazaron a Jesús el Mesías. Cuando Cristo vino a ellos, ellos no lo recibieron (Jn 1,11). La tragedia es que, sin poseer una relación personal con Cristo, Israel no puede beneficiarse de sus privilegios y bendiciones. El fracaso de Israel para entrar en posesión de su herencia, para tomar ventaja de su posición única, rompió el corazón del Apóstol Pablo. Esta tragedia debiera también romper el corazón de cada creyente en Cristo.

Habiendo expresado fuertemente su pasión por sus parientes, el apóstol Pablo estaba listo para lanzarse en defensa de la justicia de Dios en Sus tratos con Israel.

2

EL VERDADERO ISRAEL

Romanos 9,6–13

Si usted tiene problemas para entender algunas de las enseñanzas del apóstol Pablo, usted no está solo. Incluso su colega, el apóstol Pedro, admitió que algunos de los escritos de Pablo contienen cosas «difíciles de entender» (2 P 3,16). Una de estas «cosas» que son difíciles de digerir es la doctrina de la elección. Esta doctrina declara que Dios elige salvar algunas personas y pasa por alto a los demás, y a primera vista la enseñanza parece parcial e injusta. Sin embargo, la elección de Dios es la enseñanza que Pablo presentó en Romanos 9 para defender la justicia de Dios en sus tratos pasados con Israel. Pablo señaló que la soberanía de Dios al escoger algunas personas judías para salvación no destruye su justicia, sino que más bien la establece.

Pablo presentó su caso siguiendo dos líneas de pensamiento. Primero, él mencionó su creencia en el principio de la elección marcando una distinción entre los descendientes físicos y los espirituales de Abraham, Isaac, y Jacob. En segundo lugar, él justificó su creencia en la elección presentando ilustraciones tomadas de la historia de Israel. Ambas fases de la presentación de Pablo tenían la intención de tranquilizar a quienes dudaban de la integridad de Dios.

El Principio de la Elección Implícito
Romanos 9,6

Pablo comenzó articulando lo que estaba en la mente de cada judío creyente: «la palabra de Dios no haya fallado». Desde la perspectiva judío-cristiana, las promesas de Dios a Israel en el Antiguo Testamento parecían haber fallado. La palabra traducida «fallado» sugiere un cuadro de un barco que se desvía de su curso (Hch 27,17). En el griego clásico, la palabra es un término náutico que describe a un barco que se está desviando de su curso hacia las rocas o hacia un banco de arena.

¿Había sido la Palabra de Dios desviada de su curso por el rechazo de Israel a Jesús el Mesías? ¿Puede el hombre frustrar el plan de Dios y desviarlo de curso al negarse a creer la Palabra de Dios? (La gente de hoy todavía se pregunta.) ¿Acaso tenemos un Dios decepcionado y desalentado que no puede salvar a la gente y cumplir así Su plan?

La Palabra de Dios dio muchas promesas de salvación a Israel, pero la incredulidad de Israel dejó a muchos preocupados en cuanto a la confiabilidad de la Escritura. Pablo abordó ese problema negando el fracaso de la Palabra de Dios y declarando un principio bíblico básico.

¿Por qué no había fracasado la Palabra de Dios? Pablo dijo: «porque no todos los que descienden de Israel son israelitas» (Rm 9,6). Esta breve frase es de suprema importancia. El punto de Pablo era que ser un descendiente físico de Abraham, Isaac y Jacob no hace que uno sea beneficiario de las promesas de Dios a Israel, ya que sólo los descendientes espirituales de Abraham, Isaac, y Jacob son los beneficiarios de esas promesas.

En lo que a Dios se refiere, hay dos clases de judíos: físicos y espirituales. Los judíos físicos son los descendientes biológicos de Abraham, de su hijo Isaac, y de su nieto Jacob. Cualquiera que haya nacido en una familia judía es un judío físico independientemente de sus creencias religiosas. Los judíos espirituales, sin embargo, no son solamente descendientes biológicos de Abraham, de Isaac, y de Jacob, sino también descendientes espirituales que tienen la misma fe de sus antepasados patriarcas. Un judío espiritual es una persona que ha nacido en una familia judía y ha confiado en Jesús como el Mesías. Anteriormente, en su carta a los Romanos, Pablo había definido a un judío espiritual diciendo:

> Pues no es judío el que lo es exteriormente, ni es la circuncisión la que se hace exteriormente en la carne; sino que es judío el que lo es en lo interior, y la circuncisión es la del corazón, en espíritu, no en letra; la alabanza del cual no viene de los hombres, sino de Dios. (Rm 2,28–29)

Yo soy judío como resultado de haber nacido de padres judíos. Durante los primeros dieciocho años de mi vida yo era simplemente un judío físico, pero cuando acepté a Jesús como mi Salvador, llegué a ser también un judío espiritual.

¿Que tienen que ver todas estas definiciones de judíos físicos y espirituales con que la Palabra de Dios no haya fallado? Para aliviar la ansiedad de quienes cuestionaban la integridad de Dios en cumplir Sus promesas a Israel, Pablo estaba señalando que las promesas de salvación que Dios hizo a Israel se van a cumplir finalmente, no para los judíos físicos, sino para los judíos espirituales.

Una situación paralela existe hoy en día. Muchas personas se consideran parte del cristianismo, pero no todos ellos son verdaderos cristianos. Nosotros podríamos decir legítimamente que no todo el cristianismo es cristiano y, por lo tanto, las promesas de Dios para su Iglesia se cumplirán solamente para aquellos que son verdaderos cristianos dentro del cristianismo. De igual manera, no todo Israel es Israel, y las promesas para la nación judía se cumplirán solamente para aquellos que son la simiente espiritual.

En los días de Cristo muchas personas judías no lograron comprender la distinción entre la verdadera simiente espiritual y la nación física de Israel. Jesús tuvo que decirles a los líderes religiosos de Su día que, mientras que ellos podían ser los descendientes físicos de Abraham, ciertamente no eran sus hijos espirituales. Por sus actitudes y acciones ellos reflejaban su verdadero padre espiritual, Satanás (Jn 8,39–44). Así como muchas personas hoy en día, esos líderes religiosos pensaban que su nacimiento físico les aseguraba su salvación. La salvación personal es un asunto individual. Un gentil no se convierte en cristiano por haber nacido en una familia cristiana; como tampoco una persona judía se convierte en un destinatario de las promesas de Dios a Israel por haber nacido en una familia judía.

A pesar del hecho de que la mayoría del pueblo judío rechazó el evangelio, Dios pudo ser fiel en cumplir Sus promesas a Israel, porque estas promesas nunca tuvieron la intención de ser para toda persona judía. Estaban destinadas para un grupo selecto de individuos judíos dentro de la nación, quienes eran verdaderos creyentes (judíos espirituales). Para esta pequeña minoría Dios va a cumplir cada una de sus promesas.

La Biblia se refiere a estos verdaderos israelitas como el «remanente» (Rm 9,27; 11,1–5). Un *remanente* es algo considerado como un sobrante insignificante de la mayoría. Siempre ha habido un remanente de judíos piadosos, verdaderos creyentes como su padre Abraham. En el tiempo de Elías había un remanente de siete mil que no habían apostatado. En el tiempo de Cristo había miles de judíos que lo seguían a Él. Hoy hay un creciente número de personas judías que vienen a Jesús el Mesías.

Al enseñar el principio de un verdadero Israel dentro de un Israel nacional —unos pocos elegidos dentro del todo— Pablo estaba insinuando la doctrina de la elección. Aunque no declaró la doctrina de manera explícita, él redujo el verdadero Israel a un remanente elegido. Al enseñar este principio, Pablo tocó un nervio sensible. (Imagínese cuán explosiva sería la reacción de una persona judía hoy.) Cuando Jesús les dijo a los líderes religiosos de Israel que Abraham no era el padre de ellos, se llenaron de ira llamándolo samaritano y endemoniado (Jn 8,48). Por tanto, anticipando una fuerte reacción de sus lectores a la doctrina de la elección, Pablo los llevó a sus propias Escrituras para probar la validez del concepto de un Israel electo dentro de un Israel nacional.

La Prueba de la Elección Ilustrada
Romanos 9,7–13

Pablo escogió dos ejemplos del Antiguo Testamento para ilustrar el principio de la decisión soberana de Dios en la elección: Isaac y Jacob.

El Ejemplo de Isaac

Citando a Génesis 21,12, el apóstol escribió:

> Ni por ser descendientes de Abraham, son todos hijos; sino: En Isaac te será llamada descendencia. Esto es: No los

que son hijos según la carne son los hijos de Dios, sino que los que son hijos según la promesa son contados como descendientes. Porque la palabra de la promesa es esta: Por este tiempo vendré, y Sara tendrá un hijo. (Rm 9,7–9)

Pablo se dirigió a la formación de la nación judía para demostrar que el método de Dios en Su trato con Israel siempre se ha basado en la elección. Mientras que Ismael e Isaac eran ambos hijos de Abraham, Dios escogió a Isaac para que fuera la línea por la cual vendrían las bendiciones. Aunque Ismael era el hijo mayor (trece años mayor) y el natural para heredar las promesas dadas por Dios a Abraham, Dios soberanamente escogió a Isaac para heredar esas promesas. Al explicar esta elección de Isaac en vez de Ismael, el comentarista Roy E. Gingrich declaró:

El Señor escogió a Isaac y no a Ismael para ser tanto hijo de Abraham como hijo de Dios. Ismael era un hijo de la carne, un hijo de un proceso natural, un hijo de un deseo carnal. Él no era hijo de Abraham ni hijo de Dios. Isaac era un hijo de la carne y un hijo del espíritu, un hijo de un proceso natural y un hijo de un proceso espiritual, un hijo de un deseo carnal y un hijo de una promesa divina (él nació por el Espíritu en cumplimiento de una promesa divina, una promesa dada por Dios que vendría en su propio tiempo y que mediante Su Propio Poder nacería Isaac, Gen. 18,10). Isaac era tanto un hijo de Abraham como un hijo de Dios.

Ismael e Isaac son tipos. Todos los descendientes físicos de Abraham que, como Ismael, son nacidos sólo de la carne, en cumplimiento de un deseo carnal, no son hijos de Abraham y de Dios, pero todos los descendientes físicos de Abraham que, al igual que Isaac, son nacidos, no solamente de la carne en cumplimiento de un deseo carnal, sino también del Espíritu en cumplimiento de una promesa divina (una promesa a Abraham de una descendencia espiritual), son los hijos de Abraham y de Dios.[1]

Pablo estaba tratando de mostrar que, desde el mismo principio de la historia de Israel, Dios escogió a unos para bendecir y a otros para no bendecir. Nunca fue la intención de Dios que todos los descendientes de Abraham recibieran la bendición de la salvación prometida a los hijos de Abraham.

Al escoger a Isaac sobre Ismael, Dios estableció un patrón de elección que continúa hasta el día de hoy. No debemos confundirnos por el rechazo de Israel a Cristo, porque no todo descendiente físico de Abraham ha sido seleccionado por Dios para ser beneficiario de Sus bendiciones de salvación. La elección ha sido siempre el método que Dios usa con el pueblo judío, como lo demuestra la elección de Isaac.

Alguien podría objetar el uso que hace Pablo de Isaac como ilustración de la elección, debido a que Ismael no era un judío puro. Él era hijo de Agar, la esclava de Sara (Gn 16,2–4). Así que Pablo utilizó todavía otra ilustración bíblica para demostrar el principio de la elección.

El Ejemplo de Jacob

El apóstol citó el caso de los gemelos de Isaac, Jacob y Esaú. Esaú nació primero, pero Dios escogió a Jacob. Pablo escribió:

> Y no solo esto, sino también cuando Rebeca concibió de uno, de Isaac nuestro padre (pues no habían aún nacido, ni habían hecho aún ni bien ni mal, para que el propósito de Dios conforme a la elección permaneciese, no por las obras sino

1.   Roy E. Gingrich, *The Great Theodicy of Paul* [La gran teodicea de Pablo] (Riverside, 1986), 7.

por el que llama), se le dijo: El mayor servirá al menor.
Como está escrito: A Jacob amé, mas a Esaú aborrecí.
(Rm 9,10–13)

¿Por qué eligió Dios a Jacob en vez de Esaú? ¿Fue acaso porque el carácter moral de Jacob era más justo que el de Esaú? Pablo
rechazó esta línea de razonamiento al declarar que la elección de
Dios fue hecha antes de sus nacimientos, antes de que hubieran
hecho algo bueno o malo. ¿Es posible, sin embargo, que Dios vio
hacia adelante y vio cuales serían sus respectivos caracteres y
basó su elección en su previo conocimiento? El registro bíblico
no apoya esta teoría, porque las Escrituras describen a Jacob
como astuto y engañoso.

La única razón por la cual Dios escogió a Jacob en vez de
Esaú es porque el plan de Dios era escoger a Jacob en vez de
Esaú. Dios se lo propuso en su corazón y luego hizo que suce-
diera. Los propósitos de Dios nunca fallan y sus promesas nunca
se desvían de su curso como un barco que es llevado contra las
rocas. Aunque la mayoría de Israel ha rechazado al Mesías, el remanente escogido recibirá la salvación prometida.

Pablo cerró sus argumentos ilustrativos con dos citas del
Antiguo Testamento. Primero, en Romanos 9,12 él citó una declaración hecha por Dios a la madre de Jacob y Esaú en Génesis
25,23 «el mayor servirá al menor». Siendo que en ninguna parte
de la Biblia se nos ha dicho jamás que Esaú en realidad sirviera a
Jacob, esta predicción debe ir más allá de estos dos individuos.

La promesa completa dada a Rebecca da una idea de la verdadera intención de la declaración de Dios. En Génesis 25,23 Él
dijo: «Dos naciones hay en tu seno, / Y dos pueblos serán dividi-
dos desde tus entrañas; / El un pueblo será más fuerte que el otro
pueblo, / Y el mayor servirá al menor». La frase clave de este versículo es «dos naciones». La nación que vino de Esaú se llamó

Edom. Edom se convirtió en una nación de idólatras y enemiga de Israel. En juicio, Dios hizo a los edomitas siervos de los israelitas, que vinieron de Jacob.

La segunda cita de Pablo del Antiguo Testamento fue extraída de una declaración hecha por Dios más de mil años después de que Jacob y Esaú habían vivido y muerto. Tomada de Malaquías 1,2–3, aparece en Romanos 9,13: «A Jacob amé, mas a Esaú aborrecí». Esta sorprendente declaración del último libro del Antiguo Testamento ha preocupado a muchos innecesariamente. Dios no se refería a amar a Jacob personalmente, en tanto que odiaba a Esaú personalmente. Dios estaba diciendo que, al comienzo de la historia de Israel, Él escogió a Jacob en vez de Esaú antes de que ellos nacieran, y, al cierre de la historia de Israel en el Antiguo Testamento, Él podía resumir su actitud hacia Su pueblo escogido como amor y su actitud hacia la nación idolatra de Edom como odio.

Cuando consideramos las ilustraciones de Isaac y Jacob, nos damos cuenta de que negar la doctrina de la elección sería como negar la historia de Israel. A lo largo de su historia, Dios ha definido al verdadero Israel como un remanente elegido de judíos que son escogidos sobre la base del llamado divino y no sobre la base del linaje físico. A través de estos judíos elegidos, Dios cumple Su Palabra a Israel, y así la doctrina de la elección establece la justicia de Dios.

3

LA JUSTICIA DE DIOS

Romanos 9,14–18

«¡No es justo!» Cualquier persona que haya criado hijos está familiarizada con estas palabras de acusación. Es común que los niños acusen a los padres de trato injusto. Siempre que la doctrina de la elección es enseñada, sus adversarios claman al Padre celestial: «¡No es justo!» Sin embargo, es un asunto muy serio acusar a un Dios justo de parcialidad.

Habiendo apenas revelado el principio de elección, el apóstol Pablo estaba convencido que algunos de sus lectores podrían tener objeciones. La primera objeción vendría en forma de pregunta: ¿Destruye la elección la justicia de Dios? La respuesta de Pablo a esta pregunta se encuentra en Romanos 9,14–18. Él abordó el asunto declarando primero la acusación de injusticia y después contestando al cargo, apelando a la Escritura.

La Acusación de Pecado
Romanos 9,14

Con agudo discernimiento del corazón humano, Pablo reconoció la pregunta en las mentes de los que se oponían a la elección. Él preguntó: «¿Qué, pues, diremos? ¿Que hay injusticia en Dios?» (Rm 9,14). Entonces él inmediatamente respondió a la acusación de que Dios es injusto. La sola sugerencia de que Dios fuera injusto causó que Pablo exclamara, «En ninguna manera» (Rm 9,14).

Es impensable que un Dios perfectamente santo pudiera cometer un acto de injusticia. El salmista declaró que el Señor es recto, no teniendo ninguna injusticia en Él (Sal 92,15). Dios se reveló a Sí Mismo en Su ley como «Dios de verdad, y sin ninguna iniquidad en él; / Es justo y recto» (Dt 32,4). Abraham reconoció la justicia de Dios cuando retóricamente preguntó: «El Juez de toda la tierra, ¿no ha de hacer lo que es justo?» (Gn 18,25).

Sin embargo, a pesar de las numerosas referencias bíblicas que afirman la justicia de Dios, la doctrina de la elección plantea serias dudas en las mentes de muchas personas acerca de la imparcialidad de Dios en elegir a una persona antes que a otra. Sin una perspectiva bíblica equilibrada, la doctrina de la elección parece presentar a Dios como parcial.

La Apelación a la Escritura
Romanos 9,15–18

Para responder a la acusación contra la justicia de Dios, el apóstol Pablo apeló a las Escrituras del Antiguo Testamento. Pablo no intentó racionalizar la doctrina de la elección, diluir su contenido, o disculpar los obvios significados de la Escritura. En cambio, su planteamiento fue permitir que la Biblia hablara por sí misma. Las dificultades con la doctrina no se pueden resolver en el campo del intelecto. De hecho, las limitaciones intelectuales del hombre son la mismísima razón por la cual las personas luchan en cuanto a la elección. Pablo sabía que no tenemos la capacidad mental para comprender totalmente la doctrina, así que acudió a la autoridad de la Escritura para resolver el asunto.

Habiendo ya ilustrado el principio de la elección mediante el escogimiento de Isaac y Jacob, Pablo se adelantó cuatrocientos años de historia judía hasta el tiempo cuando Dios le dio Su ley a Moisés. Mientras Moisés estaba en el monte Sinaí recibiendo la ley, los hijos de Israel estaban participando en la adoración idólatra de un becerro de oro. Como consecuencia de su pecado, el juicio cayó y tres mil personas murieron (Ex 32,28).

Después de esta severa muestra de Su ira, Dios reveló a Moisés que él había hallado gracia a su vista. Pero Moisés le pidió a Dios que lo demostrara mostrándole Su gloria (Ex 33,18). La respuesta de Dios a esta petición está registrada en Éxodo 33,19 y citada por Pablo en Romanos 9,15: «Tendré misericordia del que yo tenga misericordia, y me compadeceré del que yo me compadezca». El mensaje de Dios para Moisés era que mientras todo Israel merecía morir, Él era un Dios compasivo que soberanamente otorgaba misericordia a quienes Él escogía. Mientras que todo Israel merecía morir, Dios misericordiosamente perdonó a todos excepto a tres mil personas.

Al usar este incidente en la vida de la nación hebrea, Pablo respondió bíblicamente a la acusación de injusticia contra la doctrina de la elección. Su punto era que, si alguien se atrevía acusar a Dios de injusticia porque Él elige a un hombre y pasa por alto a otro, el acusador tenía que concluir que Dios fue injusto cuando salvó a la nación de Israel en los días de Moisés. Si Dios hubiera dado justicia a cada persona judía, el pueblo judío habría dejado de existir hace mucho tiempo. Israel debía su supervivencia a los propósitos electivos de Dios en concederle compasión a la nación.

La misericordia de Dios en la elección pasa desapercibida por aquellos que se oponen a la doctrina. Ellos erróneamente concluyen que, al seleccionar a algunos, Dios está condenando al resto. Pero estos opositores pasan por alto el hecho de que toda la raza humana ya está condenada. Siendo que todas las personas nacen pecadoras y condenadas ante un Dios santo (Sal 51,5; Rm 3,23), todos merecen el juicio. La elección no condena a gente pecadora; en lugar de eso, sirve para rescatar a algunos de entre la muchedumbre de pecadores condenados. En lugar de ser injusta, la elección es misericordiosa. El escoger salvar a un hombre que merece morir eternamente es un acto de pura misericordia y compasión.

Aquellos que acusan a Dios de injusticia deberían tener en cuenta que Él sería absolutamente justo e imparcial si nunca eligiera a nadie para experimentar salvación. El hecho de que Él escoja a algunos para ser los recipientes de la gracia salvadora es un reflejo de Su misericordia. Si los opositores a la elección quieren justicia, la están buscando en el lugar equivocado. La justicia no se puede encontrar en la doctrina de la elección porque la elección es una cuestión de misericordia y compasión.

A la luz de esta misericordia otorgada soberanamente es apropiado preguntar: «¿Por qué Dios escogió a cualquier persona?». Pablo suministra la respuesta al declarar en Romanos 9,16: «No depende del que quiere, ni del que corre, sino de Dios que tiene misericordia». La elección soberana de Dios no depende del deseo de un individuo de que se le muestre misericordia («del que quiere») o de los esfuerzos del individuo para obtener misericordia («del que corre»). La elección de Dios depende exclusivamente de Su propia voluntad. Dios determina a quién le va a mostrar misericordia. Lejos de negar la responsabilidad del hombre (de la cual habló Pablo en Romanos 10), el apóstol estaba afirmando que aparte de la soberana misericordia de Dios ningún hombre jamás desearía ser salvo. Pablo había revelado previamente esta impresionante verdad a los cristianos en Roma, cuando escribió, «No hay quien busque a Dios» (Rm 3,11).

Dios no ha revelado la base para Su elección de una persona en lugar de otra. Sin embargo, Él ha revelado que sus decisiones no lo hacen injusto. Siendo soberano, Él tiene el derecho de conceder misericordia a quien Él escoja favorecer. Él también tiene el derecho de retener su misericordia de cualquiera, y en lugar de eso, imponer juicio sobre él. Habiendo usado a Israel y a Moisés como ejemplos de los receptores de la misericordia, Pablo se volvió a faraón como un ejemplo de un receptor de juicio en el Antiguo Testamento. Citando a Éxodo 9,16, Pablo escribió: «Porque la Escritura dice a Faraón: Para esto mismo te he levantado, para mostrar en ti mi poder, y para que mi nombre sea anunciado por toda la tierra» (Rm 9,17).

Según el registro bíblico en Éxodo, este faraón en particular fue soberanamente levantado por Dios durante el periodo estratégico de la liberación de Israel de la esclavitud para mostrar el poder de Dios y proclamar Su nombre en todo el mundo. Que el propósito de Dios para faraón se cumplió, se evidencia por el cántico que los hijos de Israel cantaron después de cruzar el Mar Rojo. En el cántico ellos reconocían que las naciones alrededor de ellos temblarían cuando escucharan acerca de la liberación de Dios de Su pueblo (Ex 15,14–15). Y cada año, cuando el pueblo judío celebra la fiesta de la Pascua, el poder y el nombre de Dios están siendo proclamados por todo el mundo.

¿Fue Dios injusto porque escogió retener misericordia para el faraón? La respuesta es negativa, porque Dios puede hacer lo que Dios quiera hacer y lo que Él quiera hacer es correcto. Este fue el punto de Pablo al traer su defensa de la justicia de Dios a conclusión: «De manera que de quien quiere, tiene misericordia, y al que quiere endurecer, endurece» (Rm 9,18). Dios es perfectamente justo al elegir mostrar misericordia a una persona y endurecer el corazón de otra reteniendo Su misericordia.

Debemos tener cuidado de no malentender las palabras de Pablo con respecto al endurecimiento del corazón de faraón por parte de Dios. El apóstol no estaba enseñando que Dios usó a faraón como un robot mecánico. Dios no violó la voluntad de faraón forzándolo a hacer algo que él nunca quería hacer. Según el relato que tenemos en el libro de Éxodo, Dios envió a Moisés a faraón con el mismo mensaje vez tras vez, «¡Deja ir a mi pueblo!» (Ex 7,16; 8,1.20; 9,1.13; 10,3). ¿Y cuál fue la respuesta del rey de Egipto? Y mientras que a veces parecía ceder a las exigencias divinas, en realidad él continuó rehusándose obstinadamente a obedecer.

Hay por lo menos quince referencias en Éxodo 7 al 14 en cuanto al endurecimiento del corazón de faraón. Algunas veces leemos que Dios lo endureció (e. g., Ex 9,12) y algunas veces leemos que faraón lo endureció (e. g., Ex 8,15). ¿Quién endureció el corazón de faraón? La respuesta Bíblica parece ser que Dios endureció el corazón de faraón solo en el sentido de que la presentación de los justos mandamientos provocó la oposición malvada del corazón del rey. En otras palabras, al retener Su misericordia, Dios permitió que el corazón del faraón llegara a ser lo que faraón quería: más y más duro.

¿Fue Dios injusto con faraón? ¡No! Dios encontró a faraón perverso y rebelde y Él simplemente lo dejó que permaneciera en esa endurecida condición para cumplir Sus propósitos soberanos. No hay nada injusto en no ablandar el corazón de un hombre. Lo que faraón recibió fue la justicia que merecía en lugar de la misericordia que no merecía.

La Aplicación para la Situación

El pueblo judío en el tiempo de Pablo decía: «No es justo que Dios elija a algunos judíos para ser salvos, mientras que la mayoría son condenados». Muchos hoy rechazan con desdén la doctrina de la elección por la misma preocupación en cuanto a la justicia. Sin embargo, por más puros que puedan ser los motivos para rechazar esta doctrina, la elección no disminuye la justicia de un Dios perfectamente justo. La elección sólo magnifica Su misericordia y compasión. La existencia misma de la iglesia está basada en la misericordia de Dios en escoger a algunas personas para exaltar Su nombre.

> Mas vosotros sois linaje escogido, real sacerdocio, nación santa, pueblo adquirido por Dios, para que anunciéis las virtudes de aquel que os llamó de las tinieblas a su luz admirable; vosotros que en otro tiempo no erais pueblo, pero que ahora sois pueblo de Dios; que en otro tiempo no habíais alcanzado misericordia, pero ahora habéis alcanzado misericordia. (1 P 2,9–10)

En lugar de molestarnos, las verdades en cuanto a la elección deberían hacer que permaneciéramos en asombro ante un Dios soberano. Nunca entenderemos los misterios detrás de la elección. Somos incapaces de comprender por qué Dios eligió mostrar misericordia a Moisés y no a faraón. Ambos hombres eran pecadores. Ambos hombres escucharon a Dios hablar y fueron testigos de Sus milagros. Sin embargo, Dios escogió salvar a Moisés y no a faraón. Cuando contemplamos estos misterios, deberíamos llenarnos de alabanza por la misericordia de Dios.

4

UNA PARADOJA TEOLÓGICA

Romanos 9,19–29

Alguien ha comparado la elección divina con el contraer matrimonio; usted piensa que usted está haciendo la elección, pero en realidad usted ya ha sido escogido. Nosotros deseamos que la doctrina de la elección pudiera ser entendida tan fácilmente como el concepto de elegir a un cónyuge. Sin embargo, la elección es una verdad bíblica que va más allá de la capacidad del hombre para comprenderla.

Cuando se le preguntó al predicador inglés Charles Spurgeon cómo reconciliaba él las doctrinas de la elección divina y la responsabilidad humana, él respondió: «Yo no lo hago, porque nunca trato de reconciliar a los amigos».[1] Mientras que las dos doctrinas pueden ser amigas, muchas personas las ven como enemigas mortales peleando una contra la otra en una gran lucha

---

1. J. I. Packer, *Evangelism and the Sovereignty of God* [El evangelismo y la soberanía de Dios] (InterVarsity Press, 1961), 35.

teológica. Siempre que se discute la doctrina de la elección, un oponente inevitablemente plantea la pregunta: «Si Dios soberanamente elige a algunos para salvación, ¿cómo puede Él declarar responsables a los no elegidos por rechazarlo?».

La Acusación
Romanos 9,19

Habiendo respondido a la acusación de que la elección destruye la justicia de Dios, Pablo anticipó una segunda objeción. Algunos de sus lectores reclamarían que la elección destruye la responsabilidad humana. Pablo expuso la objeción en Romanos 9,19: «Pero me dirás: ¿Por qué, pues, inculpa? porque ¿quién ha resistido a su voluntad?». En la superficie, ésta parece ser una pregunta honesta. Sin embargo, expresa la irreverencia de aquellos que culpan a Dios por hacer al hombre responsable de su pecado.

En esencia la pregunta es, si Dios endurece a algunos hombres, ¿cómo puede volverse y culparlos por estar endurecidos? En el caso del faraón, si Dios endureció su corazón y lo usó para cumplir Su voluntad, ¿cómo puede Dios ser justo al castigarlo? Esta no es una pregunta ordinaria, sino más bien un intento de culpar a Dios por el pecado del hombre y así evitar cualquier responsabilidad personal. Los acusadores razonan que, si Dios es soberano, Él no puede considerarlos responsables por resistirse a Su voluntad.

¿Cómo lidió Pablo con tal objeción? Su enfoque no fue resolver la tensión teológica que existe entre la soberanía divina y la responsabilidad humana. Él, como Spurgeon, nunca trató de reconciliar a los amigos. Más bien, se centró en el verdadero problema: la actitud de la irreverencia audaz de parte de los objetantes.

Las personas que se atreven a acusar a Dios de ser injusto porque Él soberanamente escoge salvar a algunos y retener a otros responsables por su incredulidad, teniendo insuficiente conocimiento acerca de Dios. Ellos no entienden al Dios que acusan. Por tanto, Pablo presentó verdades acerca del poder de Dios, los propósitos de Dios, y las promesas de Dios, verdades que los acusadores necesitan conocer.

El Poder de Dios
Romanos 9,20–21

Pablo primero reprendió la irreverencia del portavoz que desafiaba la justicia y la integridad de Dios. El apóstol escribió: «Mas antes, oh hombre, ¿quién eres tú, para que alterques con Dios?» (Rm 9,20). Lejos de tratar esta objeción a la elección como una pregunta sincera, Pablo la trató como una acusación malvada contra Dios. Su respuesta fue condenar la arrogancia del objetante enfrentándole con una pregunta: «¿Quién piensa usted que es para hablarle a Dios de esta manera?». Es obvio que al hombre que estaba impugnando el carácter de Dios, le faltaba comprensión de su fragilidad con relación a la autoridad exaltada de Dios. Él era ignorante del poder de Dios para hacer lo que Él eligiera hacer con Sus criaturas. Por tanto, Pablo aprovechó la oportunidad para darle a este objetante arrogante una lección sobre la autoridad de Dios.

El empuje del argumento de Pablo se centró en el lenguaje figurado del Antiguo Testamento en cuanto a un poco de barro y un alfarero. Él preguntó: «¿Dirá el vaso de barro al que lo formó: ¿Por qué me has hecho así?» (Rm 9,20). Usando una analogía familiar a sus lectores judíos (cf. Is 29,16; 45,9; 64,8; Jr 18,6), Pablo estaba comparando a Dios con un alfarero, y al hombre con un trozo de barro. Así como un alfarero tiene el derecho de moldear un poco de barro en la forma que él escoja (sin que el barro se queje), así Dios tiene el derecho de hacer lo que Él desee con un hombre (sin que él le replique irrespetuosamente).

Debemos tener cuidado de no malinterpretar la declaración de Pablo. Algunos maestros de la Biblia, en su afán por ayudar a las personas con su autoestima, aplican mal Romanos 9,20. Estos maestros pueden decir, por ejemplo: «Si Dios le creó con pecas o con una nariz grande, usted no tiene ningún derecho a cuestionarlo porque Él sabe lo que está haciendo». Mientras que es cierto que Dios está a cargo de la apariencia física de una persona, este verso no tiene absolutamente nada que ver con Dios como Creador. Pablo no dijo, «¿Debe la cosa creada decir a su Creador...?». Él dijo, «¿Debe la cosa formada decirle al que la formó...?».

¿Por qué es tan importante esta distinción? La Biblia no enseña que Dios originalmente creó al hombre pecaminoso y que Él tiene derecho de crear creaturas pecaminosas para castigarlas. Adán fue creado en un estado de inocencia y él eligió pecar. La fuerza del argumento de Pablo es que Dios es como un alfarero que trabaja con barro. Un alfarero no crea el barro; él toma el barro como lo encuentra. Mientras que Dios sabía que el hombre pecaría, Él no lo creó pecador. Dios no es responsable por el pecado del hombre. Dios simplemente ha tomado la masa de barro conocido como humanidad pecadora y por elección soberana formó algo del barro en vasos que reciben misericordia.

Pablo insistió en la verdad de la autoridad de Dios en Romanos 9,21: «¿O no tiene potestad el alfarero sobre el barro, para hacer de la misma masa un vaso para honra y otro para deshonra?». ¡Nadie protesta cuando un alfarero hace de la misma masa de barro un florero hermoso para la sala y un cenicero feo para el baño! En Jeremías 18 Dios ilustró su autoridad sobre Israel enviando al profeta a observar a un alfarero moldear un trozo de barro en cualquier objeto que él quisiera hacer. Jeremías no objetó a la autoridad del alfarero sobre el barro. Él entendió y aceptó la analogía.

El opositor a la elección necesita entender que, si un alfarero humano puede hacer un recipiente para un uso honorable y otro para un uso deshonroso, ciertamente el Dios Todopoderoso tiene el derecho de moldear una humanidad pecaminosa en vasos de misericordia o en pecadores endurecidos. En Romanos 9 Pablo estaba en realidad diciendo: «Dios tenía el derecho de hacer de Moisés un vaso de misericordia para Su uso y de faraón un vaso de ira».

Tan contundente como pueda ser esta analogía del alfarero y el barro, algunos pueden objetar basándose en que las personas son diferentes a una masa de barro: los seres humanos tienen sentimientos, inteligencia, y voluntad. Sin embargo, aquellos que objetan pierden el punto del apóstol. Los hombres y el barro son similares en el sentido de estar ambos a merced de sus amos para hacer de ellos lo que el amo soberanamente quiera que sean. El asunto es el poder y la autoridad del amo, no la composición del objeto moldeado. Así como el alfarero tiene el derecho a determinar el destino de su barro, de igual manera Dios tiene el derecho a determinar el destino de sus criaturas.

Los Propósitos de Dios
Romanos 9,22–24

Habiendo declarado que Dios es soberano, como un alfarero sobre el barro, Pablo aplica esta verdad a la manera en que Dios usa la elección para llevar a cabo Sus propósitos eternos. Pablo escribió, «¿Y qué, si Dios, queriendo mostrar su ira y hacer notorio su poder, soportó con mucha paciencia los vasos de ira preparados para destrucción…?» (Rm 9,22). Una paráfrasis de este versículo podría leerse: «¿Y qué tal si Dios, aunque deseaba enviar hombres al infierno por su pecado inmediatamente, retuvo Su juicio y fue paciente hacia aquellos merecedores de juicio?».

La esencia de Romanos 9,22 es que Dios ha sido muy paciente con los vasos de ira que se le oponen, lo insultan y lo odian. Esta verdad de la paciencia de Dios con los pecadores responde a dos preguntas: Primero, ¿por qué no ha aniquilado Dios al mundo pagano que ha suprimido Sus verdades reveladas en la naturaleza (cf. Rm 1)? En segundo lugar, ¿por qué no aniquiló Dios a toda la nación de Israel en el momento en que ellos adoraban a un becerro de oro (Ex 32)? La respuesta a ambas preguntas está declarada explícitamente en Romanos 9,23: «Para hacer notorias las riquezas de su gloria, las mostró para con los vasos de misericordia que él preparó de antemano para gloria». Dios ha sido paciente con el mundo de pecadores (tanto gentiles como judíos), porque del barro de la humanidad pecadora Él ha elegido salvar a algunos y llevarlos a la gloria.

Dios permite que el pecado y el sufrimiento continúen en lugar de aniquilar este mundo rebelde y enviar a todos al infierno. Una razón es que Él ha elegido misericordiosamente a algunos de los rebeldes para ser vasos de misericordia. Estos vasos han sido preparados de antemano para gloria. Ellos fueron escogidos en Cristo antes de la fundación del mundo (Ef 1,4). Sin embargo, para que estos escogidos experimenten la salvación, Dios continúa soportando «con mucha paciencia los vasos de ira preparados para destrucción» (Rm 9,22).

¿Sabe usted lo que Dios está haciendo en el mundo hoy en día? Él está llamando a Sus elegidos de la masa de la humanidad. Pablo identificó estos vasos elegidos de misericordia como «a nosotros, no solo de los judíos, sino también de los gentiles» (Rm

9,24). En el mundo de paganos y judíos, Dios está haciendo conocer las riquezas de Su gloria a individuos previamente elegidos. Pedro afirmó esta verdad cuando habló de la iglesia en estas palabras:

> Mas vosotros sois linaje escogido, real sacerdocio, nación santa, pueblo adquirido por Dios, para que anunciéis las virtudes de aquel que os llamó de las tinieblas a su luz admirable; vosotros que en otro tiempo no erais pueblo, pero que ahora sois pueblo de Dios; que en otro tiempo no habíais alcanzado misericordia, pero ahora habéis alcanzado misericordia. (1 P 2,9-10)

Los propósitos eternos de Dios se cumplen mediante Su elección soberana. ¿Puede Él legítimamente ser acusado de ser injusto porque el diminuto hombre no puede reconciliar la soberanía divina con la responsabilidad humana? ¡La respuesta es un rotundo no! Mientras que el hombre es mentalmente incapaz de resolver esta paradoja teológica, él es capaz de entender que las verdades sobre la naturaleza de Dios debieran silenciar su acusación arrogante.

Las Promesas de Dios
Romanos 9,25-29

En Romanos 9,25-29, el apóstol Pablo citó a dos profetas del Antiguo Testamento, Oseas e Isaías, para demostrar que los mensajeros de Dios predijeron que la salvación vendría solamente a una minoría escogida de la nación hebrea. La verdad de la soberana elección está firmemente basada en las promesas de Dios como lo revelaron los antiguos profetas.

El Profeta Oseas

Refiriéndose primero a una promesa en el libro de Oseas, Pablo escribió: «Como también en Oseas dice: Llamaré pueblo mío al que no era mi pueblo, / Y a la no amada, amada. / Y en el lugar donde se les dijo: / Vosotros no sois pueblo mío, / Allí serán llamados hijos del Dios viviente» (Rm 9,25–26).

En el libro de Oseas, a Israel se le describe como la esposa idólatra e infiel de Jehová. Como resultado de su pecado, ella está a punto de ser tomada cautiva por el imperio de Asiria. Dios envió a Oseas para que fuera Su portavoz a la adúltera nación de Israel. Sin embargo, Oseas fue más que un mensajero para su pueblo, porque fue hecho una ilustración viva representando el amor de Dios hacia Israel. Oseas se casó con una prostituta, Gomer (Os 1,2–3), y su relación se convirtió en un cuadro de la relación de Dios con Israel. Oseas, como el esposo amoroso, representaba a Dios, y Gomer, como la esposa adúltera, representaba a Israel.

Cuando el segundo y tercer hijo de Gomer nacieron, Dios le dijo a Oseas que les diera nombres que expresaran Su desaliento con el comportamiento de Israel. El segundo hijo se llamó *Loruhama* (Os 1,6), que significa «no compadecida» y «sin misericordia». El nombre indicaba que, como resultado del pecado de Israel, Dios eliminaría Su compasión por la nación. Él no tendría ninguna piedad con Israel. El tercer niño se llamó *Lo-ammi* (Os 1,9), que significa «no pueblo mío» o «no pariente mío». Este nombre indicaba que Dios rompería Su relación con el infiel Israel. Sin embargo, el Señor misericordiosamente prometió restaurar a Israel a Su favor.

Sin embargo, esta promesa de misericordia está reservada solamente para un remanente dentro de la nación de Israel. Para

desarrollar Su punto con respecto a Su misericordia para el remanente, Pablo citó del libro de Isaías.

El Profeta Isaías

Citando la promesa en Isaías 10,22–23, Pablo escribió: «También
Isaías clama tocante a Israel: Si fuere el número de los hijos de
Israel como la arena del mar, tan solo el remanente será salvo;
porque el Señor ejecutará su sentencia sobre la tierra en justicia
y con prontitud» (Rm 9,27–28). Isaías predijo que, aunque la población de Israel era considerable sólo una minoría de los israelitas sobreviviría al cautiverio asirio y regresaría físicamente a Israel y espiritualmente a Dios. Mientras que el número de los
Israelitas era como la arena del mar, Dios prometió salvar solamente a un remanente. Su misericordia se extendería sólo a unos
pocos escogidos.

    ¿Qué tal si Dios no hubiera prometido salvar a un rema-
nente del pueblo judío? Pablo, una vez más, volvió al profeta
Isaías para responder esa pregunta. Citando a Isaías 1,9, el apóstol escribió: «Y como antes dijo Isaías: Si el Señor de los ejércitos
no nos hubiera dejado descendencia, / Como Sodoma habríamos
venido a ser, y a Gomorra seríamos semejantes» (Rm 9,29). Sodoma y Gomorra fueron ciudades antiguas notables por su maldad. En Génesis 18 Dios le dijo a Abraham que Él preservaría a
estas ciudades de juicio si se pudiera encontrar a diez ciudadanos justos. Sin embargo, debido a que no existía un remanente
piadoso de ese número en Sodoma y Gomorra, Dios aniquiló
completamente a esas ciudades.

    En el tiempo de Isaías, Israel estaba en un estado de rebelión
perversa. Era una «gente pecadora, pueblo cargado de maldad,
generación de malignos, hijos depravados» (Is 1,4). Ella fue espi-

ritualmente diagnosticada como teniendo una cabeza enferma, un corazón pusilánime, y un cuerpo lleno de «herida, hinchazón y podrida llaga» (Is 1,5–6). A este pueblo corrupto, Isaías le anunció que su destino no sería el mismo que el de Sodoma y Gomorra solamente porque ellos poseían algo que esas ciudades no tenían: un remanente santo.

Pablo estaba enfatizando lo mismo que el profeta del Antiguo Testamento. La supervivencia del pueblo judío está arraigada en el hecho de que Dios ha preservado para Sí Mismo un remanente escogido dentro de la nación de Israel. Si Dios hubiera retenido su misericordia y no hubiera salvado algunos Israelitas escogidos, la nación hubiera sido completamente destruida. Nadie puede quejarse legítimamente de que Israel no fuera salvo. La elección de un remanente judío es el medio por el cual la nación se ha salvado físicamente.

¡Que tremendas implicaciones tiene esta verdad para nosotros hoy! Los cristianos hebreos a menudo son rechazados y excluidos por la comunidad judía. Son falsamente acusados de no ser más judíos y de intentar destruir al pueblo judío por sus esfuerzos evangelísticos. Sin embargo, según el profeta Isaías y el apóstol Pablo, los cristianos hebreos, como remanente, son la razón exacta por la cual el pueblo judío ha sido preservado. Lejos de destruir a Israel, los creyentes judíos constituyen la base para la supervivencia continua de Israel. Qué irónico es que las personas consideradas como una amenaza a la comunidad judía sean en realidad la razón misma por la cual la comunidad judía continúa existiendo.

Dios podría haber y hubiera destruido a Israel hace mucho tiempo, excepto que Él tiene un remanente escogido que salvar. Hoy Él continúa preservando al pueblo judío para que el resto del remanente sea salvo. Esta verdad debe animar a todo cristiano que participe en el evangelismo a los judíos, porque la implicación es que algunas personas judías se volverán a Cristo. En un ministerio que no suele producir resultados significativos, es importante recordar que Dios ha prometido salvar algunas personas judías. Mientras que la mayoría continuarán en incredulidad, Dios siempre tendrá un remanente de creyentes hebreos que tiene fe en Él.

A lo largo de los siglos, Dios ha preservado para Sí Mismo un remanente del pueblo judío piadoso. La historia de la nación judía revela que siempre hubo unos pocos fieles que caminaban con el Señor en obediencia. Incluso durante los días más oscuros de la apostasía, Dios le recordó al profeta Elías de siete mil israelitas «cuyas rodillas no se doblaron ante Baal» (1 Re 19,18; cf. Rm 11,4). No es coincidencia que en cada generación haya algunos judíos que conocen al Señor. El remanente es el resultado de la promesa de Dios de extender misericordia a unos pocos escogidos.

Al centrarse en las promesas de la misericordia de Dios a un remanente escogido en el Antiguo Testamento, Pablo enseñó a su arrogante retador (Rm 9,19) una verdad vital acerca de Dios: Dios cumple Sus promesas. Para cualquier individuo que se queje de que la elección es injusta para con los que no son elegidos, la respuesta de Pablo es que la elección no destruye a nadie; más bien, cumple la promesa de Dios de misericordia para un remanente escogido. El hombre irreverente que se atrevió a acusar a Dios de ser injusto fracasó en entender que un remanente escogido es un cumplimiento de la promesa de Dios. Lejos de sugerir el fracaso de la Palabra de Dios, un remanente escogido prueba la fidelidad de la Palabra de Dios.

La objeción del acusador de que Dios endurece el corazón de un hombre y luego lo declara responsable por su dureza, no fue tratada por Pablo en Romanos 9,19–29. En su lugar Pablo se centró en el carácter del Dios que elige. Tan difícil como pueda ser la verdad de que Dios endurece a algunas personas, hay que entender que las personas no se pierden porque Dios las endurezca. Su proceso de endurecimiento no las convierte en incrédulas. Debido a que ellas ya son voluntariamente incrédulas endurecidas, Dios las endurece más, como lo hizo en el caso de faraón.

Nadie se pierde porque haya sido elegido para perderse. En la Biblia, la *elección* y la *predestinación* se refieren sólo a los salvos (o a aquellos que van a ser salvos). Estos términos nunca se refieren a los que no son salvos. Nadie es jamás predestinado para el infierno. Sin embargo, la pregunta permanece, ¿por qué se pierden las personas? Más específicamente, ¿por qué se perdió la gran mayoría del pueblo judío en la época de Pablo? Pablo respondió esta pregunta en Romanos 10, donde él vio las condiciones presentes de Israel.

PARTE II

ISRAEL: EL PRESENTE

5

LA INCREDULIDAD DE ISRAEL

Romanos 9,30–10,1

¿Por qué el pueblo judío en los días de Cristo le rechazó? Muchos cristianos están desconcertados por el hecho que, aunque Israel conocía las profecías Mesiánicas del Antiguo Testamento, presenció los milagros de Jesús, y oyó el testimonio de testigos del evangelio, la nación todavía no abrazó a Jesús como Mesías y Rey. En lugar de eso, lo despreciaron y rehusaron que reinara sobre ellos. Uno de los versículos más tristes en la Biblia declara, «A lo suyo vino, y los suyos no le recibieron» (Jn 1,11).

El rechazo de Israel a Cristo es el tema de la sección final de Romanos 9 y de todo el capítulo 10 de Romanos. Después de declarar en los versículos anteriores que Dios ha cumplido su palabra a Israel mediante un remanente elegido, el apóstol Pablo comenzó a explicar en Romanos 9,30 por qué la mayoría de los israelitas están perdidos. Su rechazo de Cristo no tiene nada que ver con la elección soberana, sino más bien con su propia incredulidad. La doctrina de la elección sólo explica por qué un remanente del pueblo judío cree en Cristo. La doctrina no responde a la pregunta: ¿Por qué la mayoría de las personas judías no creen en Cristo? Por tanto, Pablo cambió su atención de la elección divina a la responsabilidad humana. En Romanos 9,30–10,1, el apóstol se enfocó en la realidad de la incredulidad de Israel, la razón para su incredulidad, y la respuesta apropiada a su incredulidad.

La Realidad de la Incredulidad de Israel
Romanos 9,30–31

Primero, Pablo dejó en claro que la gran mayoría del pueblo judío en su día se caracterizaba por su incredulidad. En contraste con los gentiles que habían confiado en Cristo, los Israelitas que lo habían rechazado no estaban en una relación correcta con Dios. Pablo escribió, «¿Qué, pues, diremos? Que los gentiles, que no iban tras la justicia, han alcanzado la justicia, es decir, la justicia que es por fe; mas Israel, que iba tras una ley de justicia, no la alcanzó» (Rm 9,30–31).

La gran mayoría de los gentiles en los días de Pablo no estaban interesados en la justicia. Sus estilos de vida eran con frecuencia inmorales. Sus grandes ciudades eran centros de idolatría, perversión sexual y superstición. En otras cartas, Pablo dijo que los gentiles se caracterizaban por pasiones de concupiscencia (1 Ts 4,5), vanidad de mente, ignorancia, dureza de corazón, insensibilidad, sensualidad, y avaricia (Ef 4,17–19). Estos paganos del primer siglo ciertamente no estaban en búsqueda de la justicia, sin embargo, cuando oyeron el evangelio de Cristo, muchos de ellos lo recibieron.

De ciudad en ciudad, alrededor del imperio Romano, Pablo encontró que las mentes de muchos gentiles estaban abiertas a Cristo, mientras que las mentes de la mayoría de sus conciudadanos judíos estaban cerradas. Por ejemplo, en Antioquía de Pisidia la comunidad judía instigó una persecución contra Pablo y su compañero Bernabé; sin embargo, un número de gentiles se regocijó y creyó la palabra de Dios (Hch 13,44–52). En Tesalónica, después que algunos gentiles fueron persuadidos a creer en Cristo, muchas personas judías estaban celosas y comenzaron una revuelta (Hch 17,1–9). A lo largo del ministerio de Pablo, el patrón permaneció igual: los gentiles, que antes no estaban interesados en la justicia, se abrieron a la oferta de justicia del evangelio; y los judíos, que habían pasado sus vidas tratando de alcanzar un nivel aceptable de justicia, cerraron sus mentes al evangelio.

El pueblo judío, independientemente de su celo religioso, está perdido aparte de la fe en Cristo. Cuando yo era un creyente nuevo en el Señor, yo luchaba con este asunto. Mi abuelo, que era un judío ortodoxo con una profunda creencia en la existencia de Dios, pasó toda su vida observando rituales y prácticas religiosas. Sin embargo, según Romanos 9,31, aunque buscó con afán la ley de justicia, no llegó a esa ley. Aunque se esforzó por ser lo suficientemente bueno para llegar al cielo, él nunca logró su objetivo.

Es importante para las personas que creen en la Biblia que entiendan que tanto las personas judías, como los gentiles, no son salvos a menos que confíen en Jesucristo como su Salvador. Es una estratagema popular de los anfitriones de programas de televisión poner a invitados evangélicos en una situación incómoda al preguntarles, «¿Irán los judíos al infierno porque no creen en Cristo?». La respuesta es que tanto judíos como gentiles pasarán la eternidad en el infierno a menos que confíen en Cristo como Salvador. El apóstol Pedro audazmente declaró a un grupo de líderes judíos del primer siglo: «Y en ningún otro hay salvación; porque no hay otro nombre bajo el cielo, dado a los hombres, en que podamos ser salvos» (Hch 4,12).

El pueblo judío de los días de Cristo tenía fervor religioso. Muchos en Israel, como Nicodemo (Jn 3), querían ser lo suficientemente justos para entrar en el reino de Dios. Sin embargo, cuando Jesús, el Mesías, se presentó a Sí Mismo como la provisión de Dios para su necesidad de justicia, la mayoría lo rechazó violentamente.

La Razón para la Incredulidad de Israel
Romanos 9,32–33

Israel no vivió a la altura de la ley de justicia. ¿Por qué? Pablo declaró: «Porque iban tras ella no por fe, sino como por obras de la ley, pues tropezaron en la piedra de tropiezo» (Rm 9,32). El judío típico buscaba la justicia haciendo buenas obras. Él rechazó la manera de Dios para obtener justicia por medio de la fe. Él insistía en tratar de ganar su camino al cielo obedeciendo la Ley Mosaica, y esta determinación le hizo tropezar en Cristo y la sencillez del evangelio de la gracia. El judío típico pensaba que era demasiado bueno como para necesitar un Salvador del pecado.

Esta actitud de autojustificación todavía prevalece entre la mayoría del pueblo judío (así como en la mayoría de los gentiles) en la actualidad. Ellos se ven a sí mismos como ciudadanos rectos y responsables cuyas buenas obras van a ganarles el favor de Dios. Ellos se sienten insultados cuando se les dice que son pecadores. Ellos hacen caso omiso de Isaías 53,6: «Todos nosotros nos descarriamos como ovejas, cada cual se apartó por su camino». Al igual que las antiguas «ovejas» judías en los días del profeta Isaías, los judíos modernos continúan viviendo independientes del Pastor de Israel. Ellos no ven que la esencia del pecado comienza con una actitud de independencia al derecho de Dios de gobernar sobre sus vidas y se manifiesta a sí misma en acciones de desobediencia a la Palabra de Dios.

En lugar de apoyarse en Cristo y en la justicia que Él provee, Israel tropezó en Él. Su orgullo causó que ellos insistan en ganar la salvación, en lugar de recibirla por fe en el Mesías crucificado. Su rechazo de Cristo es aún más trágico porque sus Escrituras Hebreas (Is 8,14; 28,16) predijeron esta piedra de tropiezo. Pablo dijo: «Como está escrito: He aquí pongo en Sion piedra de tropiezo y roca de caída; / Y el que creyere en él, no será avergonzado» (Rm 9,33).

La razón por la cual Israel continúa en su estado de perdición es porque se niegan a confiar en Cristo para su salvación. A diferencia de los gentiles arrepentidos que reconocen su maldad y humildemente admiten su necesidad de justicia, el orgullo de Israel los ciega a su necesidad espiritual. Con cabezas muy en alto, ellos no logran notar la Roca que Dios ha puesto en su camino, y consecuentemente tropiezan en Él.

La Respuesta a la Incredulidad de Israel
Romanos 10,1

¿Cuál debería ser nuestra actitud hacia los judíos incrédulos? ¿Debiéramos ignorarlos y abandonarlos en nuestros esfuerzos misioneros? ¿Debiéramos olvidarnos de Israel como si hubiera perdido su oportunidad de creer? La única respuesta aceptable a la incredulidad judía está revelada en la actitud de Pablo hacia Israel. Él escribió: «Hermanos, ciertamente el anhelo de mi corazón, y mi oración a Dios por Israel, es para salvación» (Rm 10,1). Para Pablo, la salvación de Israel era una carga. A pesar de la rebeldía de Israel hacia Cristo, el apóstol anhelaba la salvación de su pueblo. El interés de Pablo en la salvación de Israel era más que la preocupación profesional de un teólogo. Su interés era el deseo del corazón de un hombre compasivo.

Este deseo interior se manifestaba a sí mismo en la oración por la salvación de Israel. A diferencia de algunos creyentes en los días actuales, Pablo nunca permitió que la verdad de la elección soberana destruyera su vida de oración. Él nunca razonó: «¿Para qué molestarse en orar? Si Dios salva a quien Él elige salvar, ¿cómo pueden mis oraciones ser de alguna consecuencia?». Pablo no veía ninguna inconsistencia entre la oración y la doctrina de la elección soberana.

La soberanía divina no es un impedimento para la oración, sino un incentivo para pedirle a Dios que salve a la gente, porque sólo un Dios soberano es lo suficientemente poderoso para vencer la dureza de los corazones de los hombres y traerlos a la salvación. La elección soberana no elimina la necesidad de orar por el pueblo judío para que sean salvos. Necesitamos tener en cuenta que Dios elige no solamente al remanente electo, sino también los medios por los cuales ellos vendrán a la fe en el Señor. Los medios que Dios ha provisto son la Palabra de Dios y la oración.

Mientras que Pablo estaba anticipando su propia ejecución, le dijo a Timoteo: «Sufro penalidades, hasta prisiones a modo de malhechor; mas la palabra de Dios no está presa. Por tanto, todo lo soporto por amor de los escogidos, para que ellos también obtengan la salvación que es en Cristo Jesús con gloria eterna» (2 Tm 2,9–10). Pablo sufrió por la causa de Cristo y aun arriesgó su vida por continuar predicando el evangelio, porque él sabía que los elegidos vienen a la fe en Cristo por medio de una comprensión de la Palabra de Dios. Pablo declaró la importancia de la Palabra de Dios en traer a los elegidos a la salvación cuando dijo: «Así que la fe es por el oír, y el oír, por la palabra de Dios» (Rm 10,17).

La Palabra de Dios no es el único medio por el cual Dios ha escogido salvar a los elegidos. Él pone un peso o preocupación en la gente para que oren por la salvación de los perdidos. Hace algunos años, cuando mi madre estaba muriendo de cáncer en los pulmones, el Señor puso un peso en muchas personas de la iglesia que yo pastoreo para que oraran por su salvación. Yo estoy convencido que Dios puso esta preocupación en sus corazones como Su método para traer a uno de sus elegidos a la salvación porque cinco horas antes de fallecer, ella puso su confianza en Jesús como su Mesías y Salvador.

¿Cómo debemos responder a la incredulidad de Israel? Debemos desear su salvación, orar por su salvación, y con amor hablarles del Mesías que les ofrece salvación por fe, no por obras.

6

LA RESPONSABILIDAD DE ISRAEL

Romanos 10,2–21

Una evidencia de la inspiración e inerrancia de la Palabra de Dios es sus aparentes contradicciones. Los aparentes conflictos indican que Dios es el autor de la Escritura. Si los hombres hubieran escrito la Biblia de su propia iniciativa, ellos habrían pulido sus dificultades y aparentes discrepancias.

En realidad, la Biblia no contiene contradicciones; los aparentes conflictos son sólo tensiones teológicas que no pueden ser resueltas por mentes humanas.

Quizás la tensión teológica más notoria en la Biblia es el aparente conflicto entre la soberanía divina y la responsabilidad humana. La Biblia enseña que la salvación es totalmente de Dios y que el hombre es incapaz de venir a Cristo por su propia iniciativa; sin embargo, la Biblia también llama a los hombres a creer en Cristo y dice que serán responsables si no creen. Nosotros estamos naturalmente inclinados a tratar de resolver esta tensión, pero no así la Biblia. Esta tensión permanece como un testimonio al origen divino de la Biblia.

Romanos 9–10 demuestra el enfoque de Dios en cuanto a la tensión existente entre la soberanía divina y la responsabilidad humana. En primer lugar, Pablo enfatizó la soberanía de Dios en la elección de un puñado de personas judías para ser salvas. Luego él cambió el enfoque para tratar con la otra cara de la moneda de la salvación: la responsabilidad humana.

El propósito de Romanos 10 es demostrar que la nación de Israel es responsable por su incredulidad. Ni Dios ni la doctrina de la elección son responsables por la falta de fe de Israel en Jesús. Pablo presentó las razones por las cuales se debe culpar a Israel por no ser salvo: la salvación ha sido provista; la salvación ha sido posible; y la salvación ha sido proclamada.

La Salvación Ha Sido Provista
Romanos 10,2–5

Romanos 10 comienza con una expresión de la sincera preocupación y oración de Pablo por la salvación de Israel (Rm 10,1). Pablo estaba abrumado por la salvación de Israel, porque él entendía su verdadera condición espiritual. Él escribió: «Porque yo les doy testimonio de que tienen celo de Dios, pero no conforme a ciencia. Porque ignorando la justicia de Dios, y procurando establecer la suya propia, no se han sujetado a la justicia de Dios» (Rm 10,2–3).

El pueblo judío en los días de Pablo tenía un increíble celo por Dios. Se les conocía como el pueblo intoxicado con Dios. Sus vidas enteras se centraban en su religión. Fue este celo religioso, antes de su conversión, lo que condujo a Pablo a matar y perseguir a los cristianos (Flp 3,6). Israel era religiosamente fanático, pero su celo no se basaba en un completo entendimiento de las

Escrituras hebreas. Aunque estaban familiarizados con la Palabra de Dios, ellos mal entendieron la intención de Su ley. Ellos creían que podían establecer su propia justicia obedeciendo los numerosos mandamientos bíblicos. Su celo por las buenas obras surgía de un ardiente intento de estar en una relación correcta con Dios.

Este tipo de fervor religioso todavía caracteriza a los judíos ortodoxos. Por ejemplo, mis abuelos, que eran judíos rusos, estaban profundamente comprometido con sus creencias y, a pesar de mudarse a un nuevo mundo, se aferraron tenazmente a sus viejas costumbres. Asistían a la sinagoga con regularidad, observaban sus tradiciones meticulosamente, y aunque se requería más trabajo, mantenían un hogar estrictamente «kosher», es decir, según los preceptos del judaísmo (tenían un juego de platos para carne y otro juego de platos para productos lácteos). Ellos rehusaban trabajar en el día de reposo (ellos consideraban viajar en automóvil como trabajo), lo que obligó a mis padres a programar mi *bar mitzvah* (la ceremonia de celebración cuando un niño judío se convierte en un hombre) en un lunes en lugar del habitual sábado.

A pesar del gran celo de Israel, el apóstol Pablo sabía que les faltaba la justicia de Dios. Esa falta de justicia se debía a su propia ignorancia, no a una ignorancia derivada de la inocencia o la sinceridad, sino a una ignorancia culpable y deliberada. Pablo apropiadamente describió la ignorancia de ellos cuando dijo que ellos no se sometieron a la justicia de Dios. Su rebelión al plan de salvación de Dios causó su ignorancia.

El pueblo judío en el día de Pablo eligió ignorar sus propias Escrituras, las cuales revelaban la provisión de la justicia de Dios. Cada vez que un israelita leía sobre el sacrificio de un animal, debió recordar el hecho en cuanto a que la comunión con Dios solamente se hacía posible mediante un pago por el pecado, no por obras fervientes. Cada vez que un israelita participaba en los sacrificios en el templo, debió haber recordado el hecho en cuanto a que «la misma sangre hará expiación de la persona» (Lv 17,11). Y cuando Jesús fue identificado como «el Cordero de Dios» (Jn 1,29), y murió en la forma de un cordero que es llevado al matadero (Is 53,7), Israel debió haberlo reconocido como la provisión de Dios para su necesidad de justicia. A la luz de la obstinada ignorancia de Israel acerca de la provisión de Dios de justicia, Pablo audazmente declaró que «el fin de la ley es Cristo, para justicia a todo aquel que cree» (Rm 10,4). Gracias a Jesucristo, todos pueden dejar de tratar de alcanzar la justicia. Cuando una persona mira a la ley apropiadamente, se ve a sí mismo como injusto porque ha violado su norma santa (Rm 3,20; 7,7). Contrito, Él viene a Cristo como la provisión de Dios para justicia. Pablo escribió: «Al que no conoció pecado, por nosotros lo hizo pecado, para que nosotros fuésemos hechos justicia de Dios en él» (2 Co 5,21).

Mientras que el remanente judío se sometía al plan de Dios de darles justicia por la fe en Jesús Cristo, la mayoría de los Israelitas Lo rechazaron. Obstinadamente se aferraron a sus celosos esfuerzos por establecer su propia justicia.

Era una imposibilidad para estas personas judías alcanzar la justicia por las obras. Pablo expresó la inutilidad de sus intentos, cuando escribió: «Porque de la justicia que es por la ley Moisés escribe así: El hombre que haga estas cosas, vivirá por ellas» (Rm 10,5). Citando Levítico 18,5, Pablo estaba usando las palabras del dador de la ley para demostrar que la justicia no se podría alcanzar guardando la ley ya que la ley exigía perfecta obediencia. Santiago declaró la misma verdad cuando escribió: «Porque cualquiera que guardare toda la ley, pero ofendiere en un punto, se hace culpable de todos» (Santiago 2,10). Si una persona va a llegar al cielo por obedecer la ley, no hay lugar para error. Él debe guardar todas las leyes todo el tiempo, lo cual es una imposibilidad humana.

La condición perdida de Israel no es culpa de Dios. El Padre envió al Señor Jesús a las ovejas perdidas de la casa de Israel, pero ellas lo rechazaron. «A lo suyo vino, y los suyos no le recibieron» (Jn 1,11). A pesar de tener la provisión de Dios de justicia por medio de la fe claramente expuesta en las Escrituras Hebreas, el pueblo judío en los días de Pablo rechazó la provisión de Dios en Cristo. En el análisis final, Israel es responsable de su incredulidad. Dios está absuelto de cualquier culpa, porque Él ha proporcionado una salvación que la nación judía debió haber aceptado.

Sin embargo, recordando las verdades sobre la elección, algunas personas podrían preguntarse si Israel *podría* haber aceptado a Cristo. ¿Estaba la salvación fuera de su alcance? ¿Era la salvación posible para ellos o la hizo imposible la elección soberana?

La Salvación Ha Sido Posible
Romanos 10,6–13

En Deuteronomio 30, Moisés dio una orden a los hijos de Israel. Después de explicarles claramente la voluntad de Dios para ellos, él les dijo que habría bendiciones si ellos obedecían al Señor y castigo si lo desobedecen. Luego dijo:

> Porque este mandamiento que yo te ordeno hoy no es demasiado difícil para ti, ni está lejos. No está en el cielo, para que digas: ¿Quién subirá por nosotros al cielo, y nos lo traerá y nos lo hará oír para que lo cumplamos? Ni está al otro lado del mar, para que digas: ¿Quién pasará por nosotros el mar, para que nos lo traiga y nos lo haga oír, a fin de

que lo cumplamos? Porque muy cerca de ti está la palabra, en tu boca y en tu corazón, para que la cumplas. (Dt 30,11–14)

El significado de estas palabras de Moisés se puede resumir de esta manera: El conocimiento de la voluntad de Dios está ahora accesible para ustedes. Ustedes no están obligados a hacer lo imposible, tal como ascender al cielo o ir más allá del mar. La voluntad de Dios no es inalcanzable. ¡Ustedes no tienen que ir en busca de algo que no les es posible alcanzar!

Estas palabras de Moisés fueron citadas por Pablo para probar la posibilidad de salvación por fe. El apóstol escribió:

Pero la justicia que es por la fe dice así: No digas en tu corazón: ¿Quién subirá al cielo? (esto es, para traer abajo a Cristo); o, ¿quién descenderá al abismo? (esto es, para hacer subir a Cristo de entre los muertos). Mas ¿qué dice? Cerca de ti está la palabra, en tu boca y en tu corazón. Esta es la palabra de fe que predicamos. (Rm 10,6–8)

Pablo estaba aplicando el lenguaje de Deuteronomio 30 a Cristo. El punto de Pablo era que la justicia por la fe no requiere que nosotros escalemos los cielos para traer abajo a Cristo. Ni requiere que nosotros vayamos al Hades para levantarle de los muertos. ¡Ambos son imposibilidades! El mensaje de salvación no está muy lejos ni fuera de su alcance. Está tan cerca de nosotros, que está en realidad en nuestras bocas y corazones.

¿Cuán cerca estaba el evangelio al pueblo judío en los días de Pablo? El mensaje acerca de Jesús era el tema del cual se hablaba en cada sinagoga. La predicación de Pablo había puesto de cabeza al mundo que el pueblo judío en todo el imperio romano estaba discutiendo el asunto. Dios no puede ser culpado por la incredulidad de Israel. La salvación por fe estaba dentro de su alcance. A diferencia de guardar la ley para obtener la salvación, la salvación por fe era posible y disponible para Israel.

La salvación está disponible para cualquier persona que cumpla con el único requisito: la fe. Pablo escribió: «Si confesares con tu boca que Jesús es el Señor, y creyeres en tu corazón que Dios le levantó de los muertos, serás salvo. Porque con el corazón se cree para justicia, pero con la boca se confiesa para salvación» (Rm 10,9–10). Todo lo que una persona necesita hacer para ser salvo de la pena del pecado es confiar que Jesucristo se levantó de los muertos. Siendo que es la resurrección la que confirmó la persona y obra de Cristo, la fe en su resurrección significa el confiar de corazón en Jesucristo como el Dios-hombre que pagó la pena completa por el pecado.

No debemos malentender la relación entre la confesión con nuestras bocas y la fe en nuestros corazones. Pablo no enseñó que la confesión pública de Jesús debe hacerse antes que una persona pueda ser salva. Pablo mencionó la confesión antes de creer sólo porque fueron mencionadas en ese orden por Moisés. La fe en Cristo es el único requisito para la salvación. Sin embargo, la verdadera fe en Cristo va a ser expresada confesando a Jesús como Señor. Si el corazón de una persona confía en Cristo, tendrá que expresar esa fe con su boca, porque el corazón y la boca trabajan en armonía. Jesús dijo que: «de la abundancia del corazón habla la boca» (Mt 12,34).

Así como Moisés le había dicho a Israel que la voluntad de Dios no estaba fuera de su alcance, así Pablo reveló que la salvación para Israel no era una imposibilidad. La salvación era simplemente una cuestión de fe. Citando a Isaías 28,16 para apoyar su punto, el apóstol escribió: «Pues la Escritura dice: Todo aquel que en él creyere, no será avergonzado» (Rm 10,11).

Todo lo que el pueblo judío necesita hacer para obtener la salvación eterna es confiar en Jesús. Y la invitación a creer se extiende más allá de Israel, ya que también llama a los gentiles a la fe en Cristo. Pablo escribió: «Porque no hay diferencia entre judío y griego, pues el mismo que es Señor de todos, es rico para con todos los que le invocan; porque todo aquel que invocare el nombre del Señor, será salvo» (Rm 10,12–13; cf. Jl 2,32). La justicia está disponible de parte del Señor, que abunda en riquezas, para todo aquel que invoque Su nombre para salvación.

La invitación para venir a Cristo está abierta tanto para judíos como para gentiles. Sin embargo, mientras que todos están invitados, sólo los elegidos van a venir. Esta verdad une tanto a la soberanía divina como a la responsabilidad humana.

Nunca se debe culpar a Dios por el rechazo del hombre para que venga a Él. Dios hizo posible el ser salvo. Él simplemente le llama a venir a Él en fe. ¡Si usted quiere salvación, usted puede venir a Él, hoy mismo!

La Salvación Ha Sido Proclamada
Romanos 10,14–21

«¡No le oí!». Esas fueron probablemente las palabras que yo pronuncié con más frecuencia durante mis primeros años escolares. No había nada de malo con mis oídos. Mi sentido del oído no estaba afectado. Yo simplemente escogí dejar que mi mente vagara y no prestaba atención a mis maestros. Sin embargo, no pasó mucho tiempo antes de darme cuenta de que mi falta de atención no era aceptable como una excusa válida. Mis maestros me hicieron responsable de hacer el trabajo que me habían asignado.

De manera semejante, en los días de Pablo a la nación de Israel se le anunció el mensaje del evangelio, pero ellos alegaron no haberlo escuchado. Trataron de culpar a Dios por su incredulidad, contendiendo que el Señor nunca envió testigos del evangelio al pueblo judío. Sin embargo, el apóstol Pablo rechazó esa excusa como inválida. Su mensaje en Romanos 10,14–21 afirma que el pueblo de Israel era responsable de su incredulidad porque, aunque testigos habían proclamado la salvación, ¡la nación no creyó el mensaje! El apóstol declaró tres verdades que condenan a la nación por su incredulidad.

1. Israel Tuvo la Oportunidad de Creer
Romanos 10,14–15

Haciendo una serie de preguntas, el apóstol argumentó que Israel tuvo la oportunidad de invocar a Cristo, pero rechazó clamar a Él. Siendo que ninguno puede invocar a Cristo sin primero creer en Él, Pablo comenzó su argumento preguntando: «¿Cómo, pues, invocarán a aquel en el cual no han creído?» (Rm 10,14). Detrás del acto de invocar al Señor, permanece la actitud de creer en el Señor. Hebreos 11,6 declara: «Pero sin fe es imposible agradar a Dios; porque es necesario que el que se acerca a Dios crea que le hay, y que es galardonador de los que le buscan». Antes de poder clamar a Cristo, una persona debe primero creer que Él existe y que clamando a Él le será beneficioso. Debe haber una actitud de confianza en Cristo en el corazón antes que la boca pronuncie una oración de salvación.

Aunque el creer en Cristo precede al clamar a Él, nadie puede creer en Él hasta que primero haya escuchado sobre Él. Por tanto, Pablo preguntó luego: «¿Y cómo creerán en aquel de quien no han oído?» (Rm 10,14). Y siendo que nadie puede oír el evangelio hasta que sea proclamado, el apóstol apropiadamente preguntó: «¿Y cómo oirán sin haber quien les predique?» (Rm 10,14).

La lógica de Pablo es indiscutible. Nadie puede invocar a Cristo a menos que crea la verdad en cuanto a Él. Nadie puede creer la verdad acerca de Él a menos que oiga la verdad sobre Él.

Y nadie puede escuchar el mensaje a menos que sea proclamado. Si los hombres van a escuchar el evangelio, heraldos deben ser enviados. Por tanto, Pablo concluyó su serie de preguntas haciendo otra pregunta: «¿Y cómo predicarán si no fueren enviados?» (Rm 10,15).

El propósito de Pablo en plantear estas preguntas retóricas era permitir que sus lectores concluyeran que nadie puede invocar al Señor a menos que Dios inicie el proceso de salvación enviando mensajeros a proclamar el evangelio. Si los mensajeros no fueran enviados por Dios al pueblo judío, Israel no puede ser legítimamente culpado por su incredulidad. Sin embargo, si Dios sí envió testigos del evangelio a Israel, la nación continúa siendo responsable por su negativa a invocar a Cristo para salvación.

El punto final en el razonamiento del apóstol es si el Señor envió o no envió mensajeros al pueblo judío. Citando a Isaías 52,7 en su respuesta, Pablo escribió: «¡Cuán hermosos son los pies de los que anuncian la paz, de los que anuncian buenas nuevas!» (Rm 10,15). Durante los días finales del exilio de la nación hebrea en Babilonia, mensajeros llevaron las buenas noticias a casa en Jerusalén en cuanto a que el cautiverio había casi terminado. Isaías llamó los pies de esos mensajeros hermosos porque sus pies les permitieron llevar y entregar maravillosas noticias. El punto de Pablo en Romanos 10,15 es obvio: así como mensajeros en los tiempos del Antiguo Testamento publicaron las buenas noticias a Israel con respecto al fin de su cautiverio, así mensajeros en los tiempos del Nuevo Testamento fueron enviados a Israel para anunciar las buenas nuevas de salvación en Cristo.

El pueblo judío de la época de Pablo tuvo amplia oportunidad de escuchar el evangelio. Jesús vino exclusivamente «a las ovejas perdidas de la casa de Israel» (Mateo 15,24). Los primeros testigos del evangelio fueron enviados a Israel (Hch 1,8). Estos testigos estaban tan absortos en su alcance a Israel que al principio no se dieron cuenta que la salvación era también para los gentiles (Hch 10). La iglesia primitiva nació judía, ya que tres mil personas hebreas de los alrededores del imperio romano oyeron y respondieron al evangelio en el día de Pentecostés (Hch 2). Israel no fue abandonado en el programa de Dios para la proclamación del evangelio.

Desafortunadamente, aunque la gente judía del día de Pablo escuchó la verdad del Mesías, la mayoría de la población judía del día de hoy nunca ha oído una presentación clara del evangelio. Ellos no poseen un Nuevo Testamento y rara vez leen el Antiguo Testamento. Ellos no frecuentan iglesias para escuchar acerca de Cristo. Ellos no ven televisión cristiana ni escuchan la radio cristiana. Usando las palabras de Pablo: «¿Y cómo oirán sin haber quien les predique? ¿Y cómo predicarán si no fueren enviados?» (Rm 10,14–15).

El pueblo judío no va a escuchar el evangelio a menos que nosotros les digamos acerca de Cristo. El pueblo judío no son ciertamente los únicos a quienes debemos testificar, pero debemos tener cuidado de no abandonarlos tampoco. Hemos sido comisionados para llevar el evangelio a todo el mundo, lo cual incluye al pueblo judío. Necesitamos tener la misma preocupación misionera que consumía a los testigos a Israel del primer siglo. Esa generación de israelitas tuvo la oportunidad de escuchar el evangelio y, por tanto, no podían culpar a Dios por su incredulidad.

2. Israel Rechazó el Evangelio
Romanos 10,16–17

Aunque al pueblo de Israel se le dio la oportunidad de responder adecuadamente a Cristo, ellos rechazaron su ofrecimiento de salvación. Pablo escribió: «Mas no todos obedecieron al evangelio; pues Isaías dice: Señor, ¿quién ha creído a nuestro anuncio?» (Rm 10,16). Israel debió haber visto los pies de los hombres y mujeres que les llevaron el mensaje del Mesías como hermosos y portadores de buenas noticias. En lugar de esto, los israelitas atacaron a los mensajeros y rechazaron el mensaje.

En Romanos 10,16 Pablo estaba citando Isaías 53,1. Setecientos años antes que Cristo naciera, el profeta Isaías predijo que su nación no creería las noticias que se les reportaba acerca del Mesías sufriente. En esencia Isaías dijo: «Señor, casi nadie va a creer que este hombre es el Mesías». El profeta estaba en lo correcto, porque la mayoría no lo recibió (Jn 1,11); sólo el remanente elegido lo hizo (Jn 1,12).

Aunque al pueblo judío del día de Pablo se le dio la oportunidad de escuchar el evangelio, ellos se le opusieron. El deseo de Pablo era arrinconar a la nación judía para que ellos tuvieran que admitir que ellos, no Dios, eran los culpables de su incredulidad. Así que Pablo concluyó su argumento escribiendo: «Así que la fe es por el oír, y el oír, por la palabra de Dios» (Rm 10,17). Siendo que la fe viene por escuchar la Palabra de Dios acerca de Cristo, e Israel había escuchado acerca de Cristo, los israelitas eran culpables.

3. Israel Rechazó a Cristo
Romanos 10,18–20

Pablo ganó su argumento en Romanos 10,16–17. Él demostró su punto usando las Escrituras judías y la lógica santificada. Sin embargo, él anticipó que los judíos incrédulos protestarían por su acusación a Israel. Característico de su estilo literario, él citó a un opositor imaginario en Romanos 10,18–20. Este opositor planteó dos objeciones a la afirmación de que Israel podría haber creído en el evangelio.

La primera objeción cuestiona la disputa de Pablo de que Israel había escuchado el evangelio: «Pero digo: ¿No han oído?» (Rm 10,18). Pablo respondió declarando: «Antes bien, Por toda la tierra ha salido la voz de ellos, / Y hasta los fines de la tierra sus palabras» (Rm 10,18). Pablo estaba usando el lenguaje del Salmo 19,4 para afirmar que, así como los cielos declaran a toda la creación el mensaje de la gloria de Dios, así los testigos del evangelio declararon la salvación en Cristo al mundo judío. Si el pueblo judío no respondió a Jesús, la razón no fue porque nunca hubiera escuchado la verdad. Un académico de la Biblia que captó la esencia del uso de Pablo del Salmo 19 dijo: «La oportunidad de escuchar era tan amplia como los cielos cubiertos de estrellas».[1]

La segunda objeción planteada por el opositor imaginario trató de disculpar a Israel por su incredulidad en base a una falta de comprensión: «También digo: ¿No ha conocido esto Israel?» (Rm 10,19). ¿Acaso no comprendió Israel el evangelio? ¿Rechazó el pueblo judío a Cristo porque no entendía lo que Él decía? ¿Hizo Dios el evangelio demasiado difícil de entender para el pueblo judío?

El apóstol respondió refiriéndose a las Escrituras Hebreas. Citando Deuteronomio 32,21, Pablo escribió: «Moisés dice: Yo os provocaré a celos con un pueblo que no es pueblo; / Con pueblo insensato os provocaré a ira» (Rm 10,19). Citando Isaías 65,1, Pablo agregó: «E Isaías dice resueltamente: Fui hallado de los que no me buscaban; / Me manifesté a los que no preguntaban por mí» (Rm 10,20). Tanto Moisés como Isaías predijeron que los gen-

---

1.   James Stifler, *The Epistle to the Romans* [La epístola a los Romanos] (Moody Press, 1983), 143.

tiles, que tenían poco entendimiento de la verdad bíblica y que no buscaban a Dios, comprenderían el evangelio de Cristo. El punto de Pablo era que, si los paganos que carecen de instrucción en cuanto a las cosas de Dios pueden entender la sencillez del evangelio, la incredulidad de Israel no puede atribuirse a su falta de comprensión del mensaje de salvación.

El problema de Israel con Cristo no era por no haber escuchado o por no comprender la verdad acerca de Él. Su rechazo a Cristo se debía a su obstinada desobediencia a Dios. Pablo concluyó Romanos 10 con otras palabras del Antiguo Testamento. Citando Isaías 65,2 el apóstol escribió, «Pero acerca de Israel dice: Todo el día extendí mis manos a un pueblo rebelde y contradictor» (Rm 10,21). La razón por la cual Israel no llamó al Señor para salvación es que rechazó el amor de Dios. Sin embargo, a pesar de su terquedad, Dios continúa extendiendo Sus brazos, invitando a Israel a venir a Él. Algún día la nación judía aceptará la invitación y vendrá corriendo a Él (Rm 11). Hoy Él invita a todos a invocar el nombre del Señor para salvación. ¿Le ha invocado usted?

PARTE III

ISRAEL:
LAS PERSPECTIVAS

7

¿HA RECHAZADO DIOS A ISRAEL?

Romanos 11,1–10

¿Ha rechazado Dios a Israel? Durante casi dos mil años la gente se ha estado haciendo esta pregunta y la mayoría del cristianismo ha respondido que sí. Su respuesta afirmativa indica que ellos creen que todas las promesas dadas a Israel en las Escrituras Hebreas han sido canceladas y transferidas a la iglesia. En contraste con la mayoría, el apóstol Pablo respondió la pregunta con un firme «En ninguna manera» (Rm 11,1). En el lenguaje más fuerte posible, Pablo afirmó que Dios no ha terminado con Israel.

Durante esta época de la iglesia, en un sentido Israel ha sido puesto a un lado. Sin embargo, esta puesta a un lado no es final. Dios no ha rechazado permanentemente al pueblo judío ni cancelado Sus promesas a ellos. En Romanos 11,1–10, Pablo argumentó que, a pesar del rechazo de Israel a Jesús como Mesías, Dios no rechazó a la nación. El apóstol presentó su propia conversión, el remanente escogido y la condición de Israel como evidencia para probar que Dios no ha desechado a su pueblo.

La Conversión de Pablo
Romanos 11,1

Pablo se presentó a sí mismo como la primera línea de evidencia de que Dios no ha rechazado a Israel. El apóstol escribió, «Porque también yo soy israelita, de la descendencia de Abraham, de la tribu de Benjamín» (Rm 11,1). Si Dios ha rechazado a Su pueblo, ¿por qué Pablo, un israelita, era un creyente en Jesús? La conversión de Pablo demuestra que Dios no ha terminado Su trato con el pueblo judío. Él no sólo era judío; era judío por genealogía. Pablo no era judío por proselitismo (un prosélito es un gentil convertido al judaísmo), sino por consanguinidad. Como descendiente físico de Abraham, Pablo era judío de nacimiento.

Además de identificarse como «de la descendencia de Abraham», el apóstol se describió como «de la tribu de Benjamín». Aparentemente, Pablo estaba interesado en que la gente conociera su herencia tribal, porque en Filipenses 3,5 nuevamente menciona que él era Benjamita. ¿Por qué era importante esta información? Después de la muerte de Salomón, el reino unido de Israel se dividió. Diez tribus conocidas por su idolatría y apostasía se separaron y formaron el reino del norte de Israel. La única tribu que permaneció fiel a Judá en el reino del sur fue Benjamín. Como resultado, la tribu de Benjamín era altamente respetada. Muchos judíos estimados eran Benjamitas, tales como el rey Saúl, su hijo Jonatán, Esther, y Mardoqueo.

El ser de la tribu de Benjamín era un gran honor a los ojos del pueblo judío. El hecho de ser Pablo un Benjamita reforzaba su argumento en cuanto a que Dios no había terminado con Israel. ¿Cómo podía Dios haber rechazado a Su pueblo cuando Pablo, un judío puro, de una tribu honrada, era un creyente en Jesús? Pablo era un judío de judíos y su conversión era una amplia prueba del hecho de que Dios no había cancelado Sus promesas de salvación a Israel.

La conversión del apóstol indicaba que Dios no había terminado con la nación de Israel a pesar de su incredulidad. Si alguna vez hubo un candidato judío que pudiera ser rechazado por Dios por su persecución de Cristo, era Pablo. Él describió su comportamiento antes de su conversión y definitiva salvación, como sigue:

> Habiendo yo sido antes blasfemo, perseguidor e injuriador; mas fui recibido a misericordia porque lo hice por ignorancia, en incredulidad. Pero la gracia de nuestro Señor fue más abundante con la fe y el amor que es en Cristo Jesús. Palabra fiel y digna de ser recibida por todos: que Cristo Jesús vino al mundo para salvar a los pecadores, de los cuales yo soy el primero. Pero por esto fui recibido a misericordia, para que Jesucristo mostrase en mí el primero toda su clemencia, para ejemplo de los que habrían de creer en él para vida eterna. (1 Tm 1,13–16)

Pablo era una viva ilustración de la misericordia y paciencia de Dios para salvar a pecadores que rechazan a Cristo. Si Dios hubiera rechazado totalmente a Israel porque ellos lo rechazaron a Él, Él no hubiera salvado al más grande rechazador de todos. El punto de Pablo al presentarse a sí mismo como un israelita salvado fue para hacer esta declaración: ¡Si Dios salvó al mayor judío rechazador de Cristo, sin duda Él no ha terminado de salvar a otros judíos rechazadores de Cristo!

El Remanente Elegido
Romanos 11,2–6

Pablo ofreció el remanente elegido como la segunda línea de prueba en su argumento en cuanto a que Dios no ha rechazado a Israel. En Romanos 9, Pablo introdujo el concepto del remanente como la minoría elegida de personas judías que confían en Dios como su padre Abraham lo hizo. En Romanos 11, Pablo mencionó una vez más este remanente elegido como una prueba de la fidelidad de Dios a Israel. El apóstol escribió: «No ha desechado Dios a su pueblo, al cual desde antes conoció» (Rm 11,2).

Muchas personas asumen que al decir «desde antes conoció», significa «sabía de antemano», pero la palabra en realidad sugiere una relación de amor determinada y planificada de antemano. La palabra *conocer* se usa con frecuencia en las Escrituras para referirse a fijar el amor de uno en otro. Por ejemplo, cuando Dios le dijo a Israel, «A vosotros solamente he conocido de todas las familias de la tierra» (Am 3,2), Él quiso decir: «Ustedes son la única familia en la faz de la tierra en la cual he fijado mi corazón». Por tanto, el que Dios haya conocido de antemano a Su pueblo es escogerlos para que sean los objetos especiales de Su amor. El punto de Pablo era que Dios no ha quebrantado sus promesas ni ha cortado la nación que Él eligió para ser Su pueblo especial.

Para ilustrar el hecho de que Dios nunca desechará a Su pueblo, independientemente de su desobediencia, Pablo citó una crisis nacional en los días de Elías:

> ¿O no sabéis qué dice de Elías la Escritura, cómo invoca a Dios contra Israel, diciendo: Señor, a tus profetas han dado muerte, y tus altares han derribado; y sólo yo he quedado, y procuran matarme? Pero ¿qué le dice la divina respuesta?

Me he reservado siete mil hombres, que no han doblado la rodilla delante de Baal. (Rm 11,2–4)

Elías, un gran profeta hebreo, fue el portavoz de Dios a Israel en una de las horas más oscuras de la nación, cuando el pueblo judío estaba profundamente involucrado en la idolatría. Dirigidos por el rey Acab y su malvada esposa pagana Jezabel, la nación había rechazado al Señor e instituido la adoración a Baal como la religión oficial de Israel. Frustrado por la apostasía de Israel, Elías le pidió a Dios que rechazara a Su pueblo en juicio (1 Reyes 19,10.14).

Dios le respondió al profeta haciendo que fuera testigo de un poderoso viento, un terremoto, y un incendio. Cada uno de estos fenómenos naturales es bien conocido por su capacidad para matar hombres. Sin embargo, el registro bíblico revela que Dios no estaba presente en estas catástrofes naturales. Sin embargo, Él estaba presente, en un silbo apacible y delicado (1 Reyes 19,11–12).

Este incidente inusual indica que mientras Elías deseaba que Dios destruyera a Israel en juicio, el corazón de Dios era tierno hacia ellos. Con voz suave y calmada Dios estaba alcanzando a Israel con Su gracia. Elías pensaba que él era el único que había permanecido fiel a Dios, pero Dios le reveló que un remanente de siete mil hombres judíos había permanecido fiel (1 Reyes 19,18). Mientras que la nación como un todo era incrédula, Dios rehusó destruir a Israel por causa del remanente creyente.

Lo que fue cierto en el día de Elías también fue cierto en el día de Pablo. El apóstol escribió: «Así también aun en este tiempo ha quedado un remanente escogido por gracia» (Rm 11,5). Mientras que el Israel nacional rechazó a Jesús como Mesías, la iglesia del primer siglo incluyó a muchos cristianos hebreos. Pablo identificó a estos creyentes como «un remanente escogido por gracia». Su punto era que, así como el remanente escogido en los días de Elías evitó que Dios desechara a Israel, el remanente en el tiempo de Pablo estaba logrando el mismo resultado. La presencia del remanente escogido demostraba que Dios no había rechazado a la nación de Israel. El que haya habido judíos creyentes en cada generación a lo largo de la era de la iglesia indica que Dios no ha desechado permanentemente a Su pueblo. Cuando yo acepté al Señor, yo pensaba que era la única persona judía en todo el mundo que hubiera llegado a ser cristiano. Los creyentes gentiles que yo conocía hicieron poco para corregir mi manera de pensar. Yo era el primer hebreo cristiano que la mayoría de ellos jamás había conocido. Ellos tenían la tendencia a ponerme en exhibición como una especie única.

Mis bien intencionados hermanos gentiles debieron haber sabido que Dios siempre se reserva para Sí Mismo un remanente de creyentes judíos. Su voz tierna y suave siempre está extendiendo su mano para salvar judíos. Y el remanente siempre responde a Su gracia. Pablo escribió: «Y si por gracia, ya no es por obras; de otra manera la gracia ya no es gracia. Y si por obras, ya no es gracia; de otra manera la obra ya no es obra» (Rm 11,6). A diferencia de la mayoría de los israelitas que tratan de merecer el favor de Dios por sus buenas obras, el remanente confía en Cristo que les salve por Su gracia. Ellos entienden que la gracia permanece sola, aparte de buenas obras. La gracia y las obras se excluyen mutuamente.

La Condición de Israel
Romanos 11,7–10

La tercera línea de evidencia en el argumento de Pablo en cuanto a que Dios no ha rechazado a Israel es la condición del pueblo hebreo. En Romanos 11,7 Pablo declara la condición espiritual de la mayoría de Israel: «Lo que buscaba Israel, no lo ha alcanzado; pero los escogidos sí lo han alcanzado, y los demás fueron endurecidos». El apóstol estaba declarando que la multitud del Israel natural se encuentra en un estado de insensibilidad espiritual.

La palabra que se traduce «endurecidos» (pōroō) se relaciona con la palabra griega *porosis*, la cual es similar a nuestra palabra «parálisis». *Pōroō* significa «cubrir con una piel gruesa, endurecer cubriendo con un callo».[1] La piel callosa es insensible. Ha perdido su sensibilidad como en la parálisis. El pueblo judío era insensible al evangelio, porque Dios los había endurecido. Como resultado del endurecimiento de Israel, Dios judicialmente los endureció aún más para que no pudieran creer la verdad sobre Cristo.

Si bien el endurecimiento judicial pudiera parecer injusto a primera vista, debemos entender que Dios endureció a Israel sólo después de que ellos se endurecieron a sí mismos. El concepto de endurecimiento judicial no era nuevo para los lectores de Pablo. Las Escrituras hebreas se refieren a ello con bastante frecuencia. Pablo se refirió a los escritos de Moisés y David para confirmar que un remanente escogido siempre ha existido dentro de una nación endurecida por Dios. Citando a Deuteronomio 29,4 y al Salmo 69,22–23, el apóstol escribió:

> Como está escrito: Dios les dio espíritu de estupor, ojos con que no vean y oídos con que no oigan, hasta el día de hoy. Y David dice: Sea vuelto su convite en trampa y en red, / En

---

1.   Fritz Rienecker y Cleon Rogers, *Linguistic Key to the Greek New Testament* [Clave lingüística para el griego del Nuevo Testamento] (Zondervan, 1980), 372.

tropezadero y en retribución; / Sean oscurecidos sus ojos para que no vean, Y agóbiales la espalda para siempre. (Rm 11,8–10).

El propósito de Pablo al citar a estos profetas hebreos era demostrar que el rechazo de Israel a Jesús no resultó en que Dios hiciera a Su nación a un lado permanentemente. El rechazo del Mesías por parte de Israel fue la consumación de su ceguera y dureza de corazón, y no la causa. El apóstol Juan interpretó el rechazo de Israel de Cristo como una consecuencia directa del endurecimiento de Dios. Juan escribió:

Pero a pesar de que había hecho tantas señales delante de ellos, no creían en él; para que se cumpliese la palabra del profeta Isaías, que dijo: Señor, ¿quién ha creído a nuestro anuncio? / ¿Y a quién se ha revelado el brazo del Señor? Por esto no podían creer, porque también dijo Isaías: Cegó los ojos de ellos, y endureció su corazón; / Para que no vean con los ojos, y entiendan con el corazón, / Y se conviertan, y yo los sane. (Jn 12,37–40)

La larga historia de Israel revela que debido a que ellos no quisieron creer la verdad de Dios a través de las edades, Dios los endureció hasta el punto de que, cuando la Verdad (Jesucristo), finalmente estuvo en medio de ellos, no pudieron reconocerlo por quien Él era. Los profetas hebreos confirmaron que la mayoría de los Israelitas siempre han sido desobedientes y rebeldes a la Palabra de Dios. Siendo que la incredulidad de parte de la mayoría nunca canceló las promesas de Dios a Israel anteriormente, su rechazo del Mesías tampoco canceló las promesas.

¿Ha desechado Dios a Su pueblo? ¿Cómo podría alguien tener jamás tal pensamiento cuando la conversión de Pablo, el remanente escogido, y la condición de Israel demuestran lo contrario?

8

¿POR QUÉ TROPEZÓ ISRAEL?

Romanos 11,11–15

Cuando Federico el Grande, rey de Prusia, le pidió a su capellán que le diera la evidencia más fuerte para la fe cristiana, la respuesta de su capellán fue «¡El Judío!».[1] Mucho después de que otras grandes civilizaciones han expirado, el pueblo judío permanece como un testimonio de la veracidad de la Palabra de Dios.

A lo largo de la historia bíblica, Dios le prometió a la nación hebrea que Él los preservaría para siempre. Sin embargo, en los días de Pablo había una creciente preocupación en cuanto a que Dios había rechazado a Israel debido a su rechazo de Jesús como Mesías. Siendo que la iglesia era predominantemente gentil, parecía que Dios había puesto a Israel a un lado, mientras establecía Su iglesia. Hablando de esta preocupación en Romanos 11,11–15, el apóstol Pablo explicó que la incredulidad de Israel no había frustrado las promesas de Dios a Israel; en cambio, su increduli-

---

1. John Philips, *Explorando Romanos* [Explorando Romanos] (Moody Press, 1969; Reprint, Loizeaux, 1993), 9.

dad había resultado en el cumplimiento del plan redentor de Dios para la humanidad.

Pablo comenzó este pasaje con una pregunta penetrante: «¿Han tropezado los de Israel para que cayesen?» (Rm 11,11). Pablo había afirmado previamente que el rechazo de Jesús por parte de Israel era como una persona que tropieza (Rm 11,9). Ahora él estaba preguntando ¿por qué tropezaron? ¿Tropezaron más allá de la recuperación? ¿Tropezó Israel con tal fuerza que nunca podría levantarse otra vez? ¿Cuál era el propósito de Dios al permitir que Israel tropezara? ¿Era Su intención remover permanentemente a la nación del lugar de bendición? La respuesta fue dada de inmediato: «En ninguna manera» (Rm 11,11). Israel ha sido puesto a un lado sólo temporalmente durante la era de la iglesia.

El asunto que el apóstol planteó es este: si el rechazo de Israel a Cristo no resultó en el rechazo permanente de Dios hacia ellos, ¿por qué permitió Dios una incredulidad judía de tan amplia extensión? ¿Qué propósitos divinos podría servir el tropiezo de Israel? En respuesta a su propia pregunta, Pablo primeramente definió los propósitos soberanos de Dios y luego demostró cómo se estaban cumpliendo.

Los Propósitos Soberanos de Dios Declarados
Romanos 11,11–12

Los propósitos soberanos de Dios incluyen la salvación de los gentiles, la salvación de Israel y bendiciones para el mundo.

La Salvación de los Gentiles

Pablo escribió: «Por su transgresión vino la salvación a los gentiles» (Rm 11,11). Cuando el pueblo judío se apartó del mensaje de

Cristo, Dios apartó de ellos el evangelio y lo envió al mundo gentil.

Los primeros proclamadores del evangelio estaban tan consumidos proclamando a Cristo que cuando la comunidad judía no recibió su mensaje, ellos se volvieron a los gentiles (Hch 13,46–48; 18,6).

Jesús predijo que el rechazo por parte de Israel hacia Él como Mesías resultaría en la salvación de los gentiles. Él dijo, «Por tanto os digo, que el reino de Dios será quitado de vosotros, y será dado a gente que produzca los frutos de él» (Mateo 21,43). En el día de Pentecostés, cuando nació la iglesia, Dios temporalmente puso a Israel a un lado. Su programa cambió para llamar a un remanente de judíos y a un gran número de gentiles para formar Su cuerpo, la iglesia.

Quienes creen que Dios ha terminado con Israel no alcanzan a comprender que por dos mil años Dios ha usado el pecado de ellos para alcanzar a los gentiles y para edificar la iglesia de Cristo. La iglesia predominantemente gentil de hoy da evidencia de la soberanía de Dios en cumplir Sus propósitos a través de la desobediencia de Israel.

La Salvación de Israel

Dios no dejó de lado a Israel temporalmente para abandonarlos, sino más bien para salvarlos. Pablo escribió: «Por su transgresión vino la salvación a los gentiles, para provocarles a celos» (Rm 11,11). La conversión de los gentiles en la época de la iglesia está diseñada para provocar a celos al pueblo judío de manera que ellos deseen tener lo que los cristianos gentiles tienen y consecuentemente se vuelvan al Señor.

Se acerca el día en que la nación hebrea finalmente se dará cuenta que los gentiles están disfrutando de las bendiciones de la salvación que Israel rechazó. Esta comprensión provocará a Israel a celos que resultarán en que abracen a Jesús como Mesías (Rm 11,26).

Bendiciones para el Mundo

Dios soberanamente usará la caída de Israel para bendecir al mundo. Pablo escribió: «Si su transgresión es la riqueza del mundo, y su defección la riqueza de los gentiles, ¿cuánto más su plena restauración?» (Rm 11,12). Si la pérdida de Israel es la ganancia de los gentiles, ¿qué riquezas están guardadas para todo el mundo, cuando Dios restaure a la nación judía a su posición de privilegio?

Las riquezas a las que Pablo se refería son las bendiciones que el mundo va a experimentar durante el reino milenario después que la nación judía se vuelva a Cristo (Rm 11,26). En ese tiempo la maldición será levantada, el paraíso será recuperado, el reino animal estará en paz, el Señor reinará desde Jerusalén, los santos del Antiguo Testamento serán resucitados, la gloria *shekinah* llenará una vez más el templo, Satanás será atado, Israel y la iglesia reinarán con Cristo, y la paz, el gozo, y la justicia prevalecerán (Is 11; Ap 20–22).

Los Propósitos Soberanos de Dios Demostrados
Romanos 11,13–15

Aunque la iglesia en Roma era predominantemente gentil y Pablo era el apóstol a los gentiles, él dedicó gran parte de su epístola al bienestar de Israel. Algunos miembros de la iglesia aparentemente vieron esto como una inconsistencia en el ministerio del apóstol. Sin embargo, el ardiente interés de Pablo en Israel era consistente con su apostolado a los gentiles.

Él explicó su misión a los gentiles al escribir, «Porque a vosotros hablo, gentiles. Por cuanto yo soy apóstol a los gentiles, honro mi ministerio» (Rm 11,13). A través de su ministerio Pablo afirmaba con frecuencia el hecho de haber sido llamado por Dios para ser el apóstol a los gentiles (Ga 1,15–16; Ef 3,8; 1 Tm 2,7; 2 Tm 4,17). Él consideraba este oficio como un glorioso llamado ya que estaba en armonía con el plan de Dios de bendecir al mundo.

Pablo vio la salvación de gentiles como el medio por el cual el pueblo judío vería su necesidad de Jesucristo. El apóstol defendió su interés en Israel cuando escribió: «Por si en alguna manera pueda provocar a celos a los de mi sangre, y hacer salvos a algunos de ellos» (Rm 11,14). Algunos judíos serían provocados a celos al observar la dinámica espiritual en las vidas de los cristianos gentiles. Los brillantes testimonios de creyentes gentiles piadosos incitarían al pueblo judío a desear la salvación que produjo tales vidas transformadas.

El método del apóstol para el evangelismo de los judíos nos permite discernir cómo alcanzar al pueblo judío con el evangelio. Durante la era de la iglesia el método principal de Dios para traer a personas judías a Cristo es a través de cristianos gentiles piadosos. Desde una perspectiva humana, yo vine a Cristo porque la vida de un creyente gentil era espiritualmente atractiva. Cuando me di cuenta de que su vida se caracterizaba por la paz, el gozo, la satisfacción, el propósito, y el amor, yo fui movido a celos. Yo quería lo que él tenía. La realidad de Cristo en su vida revelaba la vaciedad de mi vida.

A la luz del método de Pablo para alcanzar al pueblo judío para el Señor, parecería que los creyentes gentiles son los testigos más eficaces. Mientras que los hebreos cristianos pueden ser más hábiles en relacionarse con sus parientes, el carácter transformado de un creyente gentil hace la más grande impresión en un judío que no es salvo. Mientras que la mayoría del pueblo judío ve a los hebreos cristianos con sospecha, se sienten intrigados por los testimonios de gentiles que han venido a abrazar a un Mesías judío revelado en un libro judío.

La mejor manera en que los cristianos gentiles pueden alcanzar al pueblo judío es vivir vidas espiritualmente atractivas ante ellos. La comunidad judía que no es salva debe percibir a los creyentes gentiles como poseedores de una calidad de vida digna de imitar. Cuando los creyentes gentiles viven vidas espiritualmente superficiales, perjudican la causa de Cristo. En lugar de presentar un cristianismo vibrante que es genuinamente atractivo, ellos presentan una religión de hipocresía. Lejos de provocar a la gente judía a celos, un vivir inconsistente la aleja del evangelio. Ellos concluyen: «¿Por qué debería yo convertirme en cristiano cuando mi comportamiento es mejor que el de los cristianos que conozco?».

Mientras que Pablo tenía una profunda carga por la salvación de sus compatriotas judíos (Rm 9,3; 10,1), su preocupación por el evangelismo judío iba más allá de los sentimientos personales. Él resumió su gran interés en el evangelismo judío cuando escribió: «Porque si su exclusión es la reconciliación del mundo, ¿qué será su admisión, sino vida de entre los muertos?» (Rm 11,15). El interés de Pablo en la salvación del pueblo judío era intenso ya que la salvación de Israel resultará en que el mundo sea bendecido durante el reino milenario.

Cada cristiano debe estar interesado en el evangelismo judío porque está ligado al futuro plan redentor de Dios. La manera más efectiva de alcanzar al pueblo judío con el evangelio es vivir una vida piadosa delante de ellos. Además de un testimonio verbal, el testimonio de un estilo de vida espiritualmente atractivo habla volúmenes al pueblo judío. ¿Vive usted la clase de vida cristiana que pueda provocarles a celos?

9

LA RESTAURACIÓN DE ISRAEL

Romanos 11,16–29

Cada cristiano gentil debe tener un agudo interés en el futuro del pueblo judío. Sin una firme creencia en un plan futuro para Israel, un gentil puede exponerse al orgullo y a la arrogancia hacia el judío. El creer que Dios ha desechado permanentemente a la nación hebrea puede dar lugar a una actitud de superioridad espiritual sobre el pueblo judío. Sin embargo, el creer en la futura restauración de Israel al lugar de privilegio y bendición divinos conduce a una adecuada autoevaluación y entendimiento de la gracia de Dios.

En Romanos 11,16–29, Pablo se dirigió a los gentiles de la iglesia en Roma quienes menospreciaban a Israel por su incredulidad. Él les advirtió en cuanto al grave peligro del orgullo y la arrogancia hacia Israel. Para indicar el glorioso futuro de Israel, Pablo declaró el principio de la restauración de Israel, la posibilidad de su restauración y la promesa de su restauración.

El Principio de la Restauración de Israel
Romanos 11,16–22

Pablo comenzó presentando dos analogías que ilustran el principio de la restauración de Israel. Él escribió: «Si las primicias son santas, también lo es la masa restante; y si la raíz es santa, también lo son las ramas» (Rm 11,16). La analogía de la masa es una referencia a la ley mosaica en Números 15,18–21. La ley requería que cada vez que se preparaba la masa para hornear pan, se debía dar un pedacito de la masa al Señor, es decir, al sacerdote. Este acto simbólico indicaba que toda la masa pertenecía a Dios. La analogía del árbol es un asunto de sentido común. Si la raíz de un árbol es consagrada («santa») a Dios, entonces las ramas que salen de ese árbol también están apartadas para Él.

Estas dos analogías ilustran el principio de la restauración que Dios está haciendo de Israel a su lugar de privilegio. El primer pedazo de masa y la raíz del árbol representan el origen de Israel en la persona de Abraham. El árbol, que surge de la raíz, representa el lugar de privilegio y bendición que proceden del pacto incondicional hecho con Abraham (Gn 12,1–3). La masa y las ramas se refieren al pueblo judío.

El punto que Pablo estaba ilustrando es que, ya que Israel está arraigado en las promesas del pacto hecho a Abraham, la nación está apartada para Dios. En otras palabras, siendo que Abraham fue apartado para Dios, todo el pueblo judío que saliera de sus lomos son apartados también. Pablo estaba usando el término «santo» en el sentido de ser apartado para el uso de Dios, en vez del sentido de ser moralmente santo. Si Israel ha sido apartado para el uso de Dios, su tropiezo debe ser temporal y su restauración inevitable.

Sin embargo, en el proceso de poner a Israel a un lado temporalmente, otras ramas fueron injertadas. Pablo escribió: «Algunas de las ramas fueron desgajadas, y tú, siendo olivo silvestre, has sido injertado en lugar de ellas, y has sido hecho participante de la raíz y de la rica savia del olivo» (Rm 11,17). Cuando Dios puso a Israel a un lado, Él cortó las ramas de judíos incrédulos del árbol. Entonces Él tomó ramas de un árbol de oliva silvestre (creyentes gentiles) y las injertó en el árbol cultivado. Junto con las ramas de judíos creyentes, las ramas de gentiles pueden ahora disfrutar de las bendiciones espirituales que vienen del pacto hecho con Abraham. Sin embargo, este proceso de enjertación no justifica una actitud de jactancia de parte de las ramas gentiles.

En la época de la iglesia, los gentiles que se convierten en cristianos tienen privilegios espirituales que los judíos incrédulos no tienen, pero las ramas de los gentiles necesitan cuidarse del orgullo religioso. Debido a que están en el lugar de bendición donde antes estaban las ramas desprendidas, los gentiles pueden fácilmente pensar de si mismos como mejores que los judíos.

Advirtiendo contra esta tendencia natural hacia el orgullo, Pablo escribió, «no te jactes contra las ramas; y si te jactas, sabe que no sustentas tú a la raíz, sino la raíz a ti» (Rm 11,18). El apóstol estaba diciéndoles a los creyentes gentiles que no miraran con menosprecio al pueblo judío que había rechazado a Cristo. Si los cristianos gentiles se exaltan a sí mismos, deben recordar que ellos no son la fuente de bendición. Abraham, la raíz judía, es la fuente de las bendiciones que los creyentes gentiles experimentan. Como Jesús declaró: «La salvación viene de los judíos» (Jn 4,22). Los creyentes gentiles están ligados a Abraham en el sentido de que el patriarca es el «padre de todos los creyentes» (Rm 4,11).

Las ramas gentiles podrían también creer que Dios cortó las ramas judías del árbol de bendición porque los creyentes gentiles eran más merecedores. El apóstol Pablo anticipó tal reclamo gentil de superioridad sobre los judíos incrédulos al escribir, «Pues las ramas, dirás, fueron desgajadas para que yo fuese injertado» (Rm 11,19).

Cuando la iglesia gentil se considera a sí misma más merecedora de la salvación que el pueblo judío que ha rechazado a Cristo, ella muestra una arrogancia intolerable. Irónicamente, esta actitud es semejante a la manera de pensar de Israel en los días del Antiguo Testamento. El judío antiguo era, con frecuencia, intolerante y orgulloso, y a veces pensaba que Dios solo podía establecer una relación con él, y no con un gentil. Pablo capturó este arrogante espíritu judío cuando describió la actitud de superioridad sobre los gentiles con estas palabras: «Confías en que eres guía de los ciegos, luz de los que están en tinieblas, instructor de los indoctos, maestro de niños, que tienes en la ley la forma de la ciencia y de la verdad» (Rm 2,19–20).

Cuando la cristiandad gentil presentó una actitud similar, una represión de parte del apóstol fue justificada. Por tanto, Pablo escribió: «Por su incredulidad fueron desgajadas, pero tú por la fe estás en pie. No te ensoberbezcas, sino teme. Porque si Dios no perdonó a las ramas naturales, a ti tampoco te perdonará» (Rm 11,20–21). Además de reprender a los gentiles orgullosos, Pablo estaba explicando por qué las ramas judías fueron cortadas y asimismo estaba exhortando a los gentiles a temer a Dios.

La razón por la cual las ramas judías incrédulas fueron cortadas del lugar de bendición no tenía nada que ver con la inferioridad judía en contraste con los gentiles. La verdadera razón estaba relacionada con el asunto de la fe. Las ramas judías fueron cortadas por su incredulidad y las ramas gentiles fueron injertadas a causa de su fe en Cristo. Entonces, ¿por qué deberían temer las ramas gentiles? Si Dios no libró al pueblo original del pacto debido a su incredulidad, Él ciertamente no librará a los gentiles si ellos no creen. Como un comentarista escribe, «¿Por qué debería Dios tener más consideración con una Cristiandad gentil infiel que por un judaísmo infiel?».[1]

¿Cortaría Dios alguna vez a los gentiles incrédulos como cortó a los incrédulos judíos? Pablo respondió esta pregunta al escribir, «Mira, pues, la bondad y la severidad de Dios; la severidad ciertamente para con los que cayeron, pero la bondad para contigo, si permaneces en esa bondad; pues de otra manera tú también serás cortado» (Rm 11,22). Así como el olivo tenía judíos incrédulos que fueron cortados, así también la iglesia profesante ciertamente tiene gentiles incrédulos que serán cortados. Pablo no estaba sugiriendo que los verdaderos creyentes se perderán, porque él ya había establecido la seguridad del creyente en Romanos 8. Sin embargo, mucho de lo que se llama cristiandad es la iglesia liberal apóstata que reclama ser cristiana, pero niega la deidad de Cristo, ataca la Biblia, y desprecia el evangelio. Así como todo Israel no es Israel, asimismo toda la cristiandad no es la iglesia (Rm 9,6).

Los gentiles que rechazan la bondad de Dios serán cortados del lugar de bendición. Estas ramas incrédulas son gentiles que nunca experimentaron la salvación, pero por su asociación e identificación con los verdaderos creyentes experimentan algunas de las bendiciones que Dios da a Su iglesia (cf. 1 Co 7,14). El día viene cuando la falsa iglesia gentil será cortada del lugar de bendición. Después del rapto de la iglesia, la iglesia falsa continuará durante el periodo de la tribulación hasta que sea cortada por el anticristo (Ap 17).

Si es posible que la iglesia gentil falsa sea cortada por su incredulidad, también debe ser posible que Israel sea injertado de nuevo si llegara a creer el evangelio.

---

1. Stifler, *Romans*, 153.

La Posibilidad de Restauración para Israel
Romanos 11,23–24

¿Puede Dios restaurar a Israel? ¡La respuesta es sí! Por tanto, Pablo continuó escribiendo a las ramas gentiles: «Y aun ellos, si no permanecieren en incredulidad, serán injertados, pues poderoso es Dios para volverlos a injertar» (Rm 11,23). Sin manifestar específicamente que Israel va a convertirse a Cristo, el apóstol declaró que, si ellos alguna vez creyeran el evangelio, Dios es capaz y está dispuesto a injertarlos de nuevo en el árbol.

Además de ser posible, la restauración no sería difícil para Dios. Pablo escribió: «Porque si tú fuiste cortado del que por naturaleza es olivo silvestre, y contra naturaleza fuiste injertado en el buen olivo, ¿cuánto más estos, que son las ramas naturales, serán injertados en su propio olivo?» (Rm 11,24). Un poco de conocimiento en cuanto al procedimiento de injertar nos ayuda a entender este versículo:

> El olivo, en su estado silvestre natural, no produce aceitunas, o sólo unas pocas, que son pequeñas y carentes de aceite. … Es silvestre por naturaleza, y debe ser injertada por el *bueno* antes que produzca fruto; pero aquí el Apóstol habla de injertar el silvestre en el bueno, no el bueno *sobre* el silvestre. … Observe: él dice expresamente que esto es *contrario* a la naturaleza, lo cual es verdad. Yo he hecho consultas particulares sobre este punto, y encuentro que, por lo general en el *reino de la naturaleza*, ciertamente en el caso de la oliva, el proceso al cual se refiere el Apóstol nunca tiene éxito. Injerte usted el bueno en el silvestre, y, como dicen los árabes, éste *conquistará* al silvestre; pero no se puede revertir el proceso con éxito.—Si uno implanta un injerto *silvestre* en un árbol bueno, *aquel conquistará al bueno*. Es solo en el *reino de la gracia* que un proceso así de contrario a la naturaleza puede tener éxito; y es esta circunstancia a la cual el Apóstol se aferró, y con un tacto admirable, para magnificar la misericordia

mostrada a los gentiles, injertándolos, una raza silvestre, *contraria a la naturaleza* de tales operaciones, en el buen árbol de oliva.[2]

Los gentiles nunca deben gloriarse por el presente estado de incredulidad de los judíos. Si Dios puede hacer una cosa tan antinatural como injertar a los gentiles en un árbol bueno, ¡con cuánta más facilidad podría Él injertar las ramas naturales en el propio olivo judío! En otras palabras, si Dios pudiera tomar paganos idólatras y traerlos a la religión judía, Él podría con mayor facilidad llevar a los judíos apartados de regreso a su propia religión original.

Un cristiano hebreo puede ser considerado como una novedad hoy en día; pero no hay nada más natural y normal para un judío que creer en Jesús. Es anormal para una persona judía *no* creer en Jesús como Mesías. Lo que es extraordinario es que a través de la oscura historia del paganismo tantos gentiles hayan puesto su fe en Jesucristo.

La restauración futura de Israel depende de la fe. Hoy en día la incredulidad impide que los judíos sean injertados en su propio olivo. Sin embargo, tanto el principio como la posibilidad de restauración indican un futuro glorioso para la nación hebrea.

Hace ya varios años, el Dr. William Culbertson, del Instituto Bíblico Moody, escribió una carta al primer ministro David Ben-Gurion, el primer gobernante de Israel. Después de agradecer al Sr. Ben-Gurion por reunirse con él durante su estancia en Israel, el Dr. Culbertson escribió estas palabras:

---

2.   William M. Thomson, *The Land and the Book* [La tierra y el libro] (Baker, 1954), 53.

Nuestra visita a Israel fue muy maravillosa. Continúo maravillándome por la iniciativa, la industria y la absoluta devoción de la gente al trabajo de reconstrucción de Israel. Por cierto que es una fuente de inspiración. Algunos de nosotros, por supuesto, creemos que esto bien podría ser el preludio a lo que los profetas del Antiguo Testamento predijeron. Usted manifestó una comprensión tan completa del aspecto religioso del asunto y estoy seguro de que usted sabe que algunos de nosotros creemos en un Mesías personal y que hay días de gran gloria que esperan a su nación.[3]

David Ben-Gurion no es el único en la historia que tenía que ser informado del glorioso futuro que espera al pueblo judío. La iglesia predominantemente gentil en Roma también carecía de entendimiento del plan de Dios para salvar y restaurar a Israel a la posición de bendición privilegiada. Por tanto, después de instruir a la iglesia sobre la posibilidad de restauración, Pablo les informó de la promesa de la restauración de Israel.

La Promesa de Restauración de Israel
Romanos 11,25–29

El propósito de la instrucción del apóstol era corregir la actitud arrogante de los gentiles que menospreciaban la ceguera espiritual de Israel. Enfocándose en esta ceguera, Pablo respondió cuatro preguntas clave concernientes a la restauración venidera de Israel.

---

3.   Warren W. Wiersbe, *William Culbertson: A Man of God* (William Culbertson: un hombre de Dios] (Moody Press, 1974), 128.

¿Cuándo Terminará la Ceguera de Israel?

Pablo escribió: «Porque no quiero, hermanos, que ignoréis este misterio, para que no seáis arrogantes en cuanto a vosotros mismos: que ha acontecido a Israel endurecimiento en parte, hasta que haya entrado la plenitud de los gentiles» (Rm 11,25). Para liberar a la iglesia predominantemente gentil en Roma de auto exaltación, Pablo les informó que la ceguera de Israel llegará a su fin. El llamó a este hecho un «misterio». En la Biblia, un misterio no es algo que es difícil de entender, extraño o misterioso. Un misterio bíblico es una verdad previamente escondida en la mente de Dios, pero ahora revelada por Él por primera vez (Ef 3,1–5). En esencia, un misterio es información recién revelada.

¿Cuál era esta nueva información respecto a la dureza de Israel hacia Dios? La revelación ciertamente no era que Israel estaba parcialmente endurecido. Era una verdad bíblica bien conocida que solamente un remanente del pueblo judío en cada generación creería en el Señor. Las Escrituras hebreas revelan con claridad que, a través de la historia, la mayoría de Israel había estado en rebelión contra Dios (cf. 1 Re 19,18; Is 1).

Era bien sabido que la ceguera, en parte, había sucedido a Israel, pero no se sabía cuánto tiempo iba a durar esa ceguera. La duración de la ceguera era el misterio que había estado escondido en el corazón de Dios. Él había escogido no revelar esta información hasta que la dio a conocer por medio de Pablo en Romanos 11,25. Pablo enseñó que la nación de Israel continuaría ciega a la verdad del evangelio «hasta que haya entrado la plenitud de los gentiles». En otras palabras, Israel estará ciego hasta que el último de los gentiles en la era de la iglesia haya sido traído a Cristo.

«La plenitud de los gentiles» describe la era actual, durante la cual Dios está salvando a muchos gentiles. En Hechos 15,14 Santiago dijo: «Simón ha contado cómo Dios visitó por primera vez a los gentiles, para tomar de ellos pueblo para su nombre». Mientras que judíos individuales (el remanente) están siendo salvados hoy, la era presente es primariamente un tiempo cuando Dios está visitando a los gentiles. La nación de Israel permanecerá endurecida hacia el evangelio hasta que la iglesia sea arrebatada al final de esta era. Luego, durante el periodo de siete años de tribulación, Dios nuevamente centrará su atención en Israel para traerla hacia Sí Mismo y restaurarla a un lugar de bendición.

2. ¿Quién Pondrá Fin a la Ceguera de Israel?

Habiendo establecido el hecho de la terminación de la ceguera de Israel cuando la era de la iglesia finalice, Pablo entonces reveló que el Señor Jesucristo, a Su regreso, pondrá fin a la ceguera de Israel. El apóstol escribió: «Luego todo Israel será salvo, como está escrito: Vendrá de Sion el Libertador, / Que apartará de Jacob la impiedad» (Rm 11,26).

Durante el período de la tribulación Satanás intentará destruir a Israel (Ap 12). Zacarías anunció que dos tercios de la población judía morirá durante este tiempo (Za 13,8). Los horrores de la tribulación incluirán persecución Satánica, catástrofes naturales, y una actividad diabólica sin precedentes. Jeremías se refirió a este período como el «tiempo de angustia para Jacob» (Jr 30,7). Jesús declaró que la gran tribulación será un tiempo de devastación sin par. Él dijo: «Habrá entonces gran tribulación, cual no la ha habido desde el principio del mundo hasta ahora, ni la habrá» (Mt 24,21).

Mientras que la población judía será drásticamente redu-
cida durante el período de la tribulación, Dios protegerá y pre-
servará a un remanente. El profeta Zacarías declaró que el tercio
restante del pueblo judío pasará por un período de intenso sufrimiento que resultará en que se dirijan al Señor. Zacarías 13,9 re-
gistra las palabras del Señor: «Y meteré en el fuego a la tercera
parte, y los fundiré como se funde la plata, y los probaré como se
prueba el oro. Él invocará mi nombre, y yo le oiré, y diré: Pueblo
mío; y él dirá: Jehová es mi Dios».

El remanente sobreviviente del pueblo judío que esté vivo
al final de la tribulación constituirá la totalidad de la nación de
Israel. Por tanto, Pablo se refirió tanto al remanente como a la
nación cuando escribió, «luego todo Israel será salvo». Esta declaración ciertamente no quiere decir que todo judío que alguna
vez haya vivido será salvo; significa que todos los judíos que es-
tén vivos cuando Cristo regrese serán salvos.

Durante el período de la tribulación, la nación de Israel re-
conocerá y aceptará a Jesús como Mesías. Después de haber pu-
rificado a la nación de judíos incrédulos rebeldes (Ez 20,33–38),
Cristo quitará la ceguera de Israel y la nación finalmente recono-
cerá a su Mesías. Zacarías describió el arrepentimiento futuro de
Israel cuando venga el Mesías:

> Y derramaré sobre la casa de David, y sobre los moradores
> de Jerusalén, espíritu de gracia y de oración; y mirarán a mí,
> a quien traspasaron, y llorarán como se llora por hijo unigé-
> nito, afligiéndose por él como quien se aflige por el primo-
> génito. (Za 12,10)

3. ¿Por qué Será Removida la Ceguera de Israel?

¿Por qué «quitará Cristo la impiedad de Jacob»? ¿Por qué traerá El Señor a Israel hacia Sí Mismo? La respuesta se da en Romanos 11,27: «Este es mi pacto con ellos, cuando yo quite sus pecados». El apóstol estaba citando a Isaías 59,21, el cual asocia la venida del Mesías con el nuevo pacto. El profeta Jeremías predijo que el nuevo pacto, que Dios haría con Israel proporcionaría el perdón de sus pecados (Jr 31,31–34). La razón por la cual Cristo levantará la ceguera de Israel es para cumplir Su Palabra de traer a Israel bajo el nuevo pacto.

Al llegar a Romanos 11,27, Pablo había hecho un círculo completo con el argumento que comenzara en Romanos 9,6. Él había tratado con la preocupación en cuanto a la fidelidad de Dios para cumplir Su promesa de salvación a Israel. El apóstol había afirmado que al regreso de Cristo todo Israel será salvo; Dios permanecerá fiel a Su Palabra de perdonar los pecados de un Israel arrepentido. Pablo había vindicado el nombre de Dios. Él había defendido brillantemente la justicia de Dios en sus tratos con Israel. Pero todavía quedaba un asunto más que el apóstol debía resolver: sus lectores tenían una cuarta pregunta clave sobre la ceguera de Israel. Pablo había respondido la pregunta antes, pero la respuesta necesitaba refuerzo.

4. ¿Cuál era el Propósito de la Ceguera de Israel?

En Romanos 11,11–15 Pablo había explicado los propósitos de Dios en permitir que Israel tropezara. Ahora el apóstol resume su explicación en Romanos 11,28: «Así que en cuanto al evangelio, son enemigos por causa de vosotros; pero en cuanto a la elección, son amados por causa de los padres».

¡Que la iglesia gentil entienda que Dios ha retenido el evangelio de Israel para ofrecerlo a los gentiles! Sin embargo, Israel sigue siendo la nación elegida, amada por Dios por razón de Sus promesas hechas a Abraham, Isaac, y Jacob. Hoy Israel es un enemigo del evangelio, pero en la restauración futura Dios tratará a los israelitas como amigos.

Cuando el Señor prometió a los patriarcas judíos que Él los haría una nación bendecida, Su promesa era irrevocable. Él llamó a Israel a la existencia, le concedió numerosos dones, y prometió que su gloria futura cumpliría Su Palabra. Los propósitos de Dios para Israel se lograrán a pesar de su presente ceguera. ¿Cómo podemos estar tan seguros? Porque Romanos 11,29 dice, «Porque irrevocables son los dones y el llamamiento de Dios».

La ceguera judía hacia el evangelio nunca debe ser una causa para la autoexaltación gentil. La incredulidad de Israel ha resultado en la salvación de incontables de gentiles. En lugar de responder con orgullo, la iglesia gentil debe ser humilde por la misericordia que Dios les ha mostrado.

CONCLUSIÓN

10

LAS MISERICORDIAS DE DIOS

Romanos 11,30–12,1

Un amigo y yo estábamos hablando una vez sobre la diferencia entre el programa de Dios para Israel y Su programa para la iglesia. Hacia el final de nuestra conversación, mi amigo preguntó: «¿Por qué Dios tiene diferentes programas para estos dos grupos de personas?». Yo respondí a su pregunta con una palabra: «Misericordia». La compasión y la bondad de Dios se encuentran detrás de Sus tratos con Israel y Sus tratos con la iglesia. Él ha establecido tanto a Israel como a la Iglesia para mostrar Su misericordia tanto a los judíos como a los gentiles que creen en Él. Por Su misericordia a los gentiles, Dios planificó un tiempo de ceguera para Israel; por Su misericordia a Israel, Él planificó la era de la iglesia cuando los gentiles proclamarían el evangelio a los judíos.

El apóstol Pablo terminó su defensa de la justicia de los tratos de Dios con Israel enfocándose en el concepto de la misericordia de Dios. Su propósito en enfatizar la misericordia era dar una lección de humildad a algunos gentiles orgullosos que se consideraban espiritualmente superiores a los judíos incrédulos. Para combatir la arrogancia gentil, el apóstol informó a la iglesia en Roma que el programa de Dios para la salvación se origina en Su misericordia en lugar de proceder de algo inherentemente bueno en el hombre. En Romanos 11,30–12,1 Pablo magnificó la bondad de Dios hacia judíos y gentiles presentando tres verdades importantes acerca de la misericordia de Dios: (1) La misericordia de Dios ha sido revelada; (2) La misericordia de Dios resulta en alabanza; y (3) La misericordia de Dios exige una respuesta.

La Misericordia de Dios Ha Sido Revelada
Romanos 11,30–32

Primero, Pablo enfrentó a los gentiles con el hecho en cuanto a que su salvación está basada en la misericordia de Dios. Él escribió: «Pues como vosotros también en otro tiempo erais desobedientes a Dios, pero ahora habéis alcanzado misericordia por la desobediencia de ellos» (Rm 11,30). Pablo contrastó a los gentiles (identificados como «vosotros») y judíos (como «ellos»). Los gentiles fueron una vez rebeldes incrédulos, pero Dios en Su misericordia les ofreció salvación cuando Israel rechazó a Jesús como Mesías.

La misericordia de Dios es la única razón por la cual hay más gentiles cristianos que judíos cristianos durante la era de la iglesia. Las estadísticas no tienen nada que ver con la inclinación espiritual. Mientras que mucho de la Biblia está dedicado a registrar la dureza e incredulidad de Israel, la maldad de los gentiles también está expuesta honestamente. El Nuevo Testamento revela una fea imagen del comportamiento gentil en el mundo antiguo. Pablo caracteriza al gentil no cristiano como caminando en la vanidad de su mente, con el entendimiento entenebrecido, espiritualmente ignorante y ciego, moralmente encallecido, sensual, e impuro (Ef 4,17–19). El apóstol presentó al mundo pagano como suprimiendo las verdades de Dios y entregándose a afectos viles y antinaturales:

> Estando atestados de toda injusticia, fornicación, perversidad, avaricia, maldad; llenos de envidia, homicidios, contiendas, engaños y malignidades; murmuradores, detractores, aborrecedores de Dios, injuriosos, soberbios, altivos, inventores de males, desobedientes a los padres, necios, desleales, sin afecto natural, implacables, sin misericordia. (Rm 1,29–31).

Uno de los conceptos más sorprendentes, que con frecuencia los cristianos evangélicos pierden de vista, no es que un día Israel será restaurado, sino que tantos gentiles paganos han llegado a Cristo para salvación. La cura para el orgullo de un gentil es que él se dé cuenta que Dios permitió que los gentiles se hundieran en las profundidades del pecado antes que Él misericordiosamente los alcanzara en la formación de su iglesia. La salvación de ellos es puramente un producto de la misericordia de Dios a unas personas desobedientes.

Pero los gentiles no son los únicos beneficiarios de la misericordia de Dios. Dios también ha extendido Su misericordia al pueblo judío. Pablo continuó: «Así también estos [judíos] ahora han sido desobedientes, para que por la misericordia concedida a vosotros, ellos también alcancen misericordia» (Rm 11,31).

Cuando los gentiles cristianos llevan el evangelio al pueblo judío, la bondad de los gentiles da a los judíos la oportunidad de experimentar la misericordia de Dios. En otras palabras, por la misericordia de los gentiles, los judíos también pueden encontrar la misericordia de Dios. Esta verdad debe estimular el evangelismo judío. Los creyentes gentiles son los instrumentos primarios que Dios utiliza para proclamar el evangelio al pueblo judío. El patrón evangelístico de Dios es revelar Su misericordia a los indignos judíos pecadores por medio de indignos gentiles pecadores que han sido misericordiosamente salvados.

El plan primario de Dios es revelar su misericordia tanto a judíos como a gentiles incrédulos al creer ellos el evangelio. Pablo escribió: «Porque Dios sujetó a todos en desobediencia, para tener misericordia de todos» (Rm 11,32). En el texto griego, este verso revela el hecho de que toda la humanidad ha sido aprisionada en desobediencia para que Dios pueda mostrar misericordia a aquellos que se vuelven a Él. Aunque cada persona merece el juicio eterno, Dios no envía a todos al infierno. En su lugar, Él los encierra a todos bajo pecado de manera que Él pueda revelar cuán misericordioso es Él con todos los que confían en Él.

La Misericordia de Dios Resulta en Alabanza
Romanos 11,33–36

Después de explicar que Dios ha usado el pecado de Israel para revelar Su misericordia tanto a gentiles como a judíos, el apóstol prorrumpió en una doxología. Él escribió:

> ¡Oh profundidad de las riquezas de la sabiduría y de la ciencia de Dios! ¡Cuán insondables son sus juicios, e inescrutables sus caminos! Porque ¿quién entendió la mente del Señor? ¿O quién fue su consejero? ¿O quién le dio a él primero, para que le fuese recompensado? (Rm 11,33–35)

¡Sólo la mente de Dios podía formular un plan de salvación que redimiera a los arruinados tanto judíos como gentiles! ¡Sólo la mente de Dios pudo tomar la caída de Israel y cambiarla en salvación para los gentiles, salvación para los judíos, salvación para la nación de Israel, y bendiciones para el mundo entero!

Sólo la mente de Dios pudo planear el llevar esto a cabo de una manera que es consistente con el Antiguo Testamento, no viola Su justicia, y exalta Su misericordia.

El resultado de la misericordia de Dios es alabanza, alabanza por Su mente, sabiduría, conocimiento, decisiones, y métodos. Estos atributos son tan profundos y ricos que son inescrutables e ilocalizables. Dios es tan grande que nuestras mentes ni siquiera pueden captar la plenitud de Su grandeza. Nadie sabe lo que está en la mente de Dios a menos que Él lo revele. Nadie aconseja a Dios. Nadie hace algo para Dios que lo haga un deudor. Con razón Pablo concluyó su doxología con estas palabras: «Porque de él, y por él, y para él, son todas las cosas. A él sea la gloria por los siglos. Amén» (Rm 11,36).

¡Qué humillante debe haber sido para los cristianos gentiles orgullosos en Roma escuchar que Dios debe ser alabado por la salvación de ellos! Ellos no merecian el crédito. La misericordia de Dios es responsable por la salvación. Dios creó el plan de salvación; Él ha sustentado el plan; y Él llevará el plan a su culminación con el propósito de traer gloria a Sí Mismo.

Romanos 11,36 es el punto más alto de esta epístola. Le tomó a Pablo once capítulos para establecer este versículo y la declaración exige una respuesta de cada persona redimida.

La Misericordia de Dios Exige Una Respuesta
Romanos 12,1

Dios misericordiosamente ha dado la salvación a judíos y gentiles previamente hostiles. ¿Cuál debe ser nuestra respuesta? Pablo escribió que hay solamente una respuesta razonable: «Así que, hermanos, os ruego por las misericordias de Dios, que presentéis vuestros cuerpos en sacrificio vivo, santo, agradable a Dios, que es vuestro culto racional» (Rm 12,1). Basándose en las magníficas misericordias de Dios reveladas a través de esta carta a los Romanos, la petición de Pablo era que los hermanos entregaran sus cuerpos a Dios. Debido a que Dios ha sido tan bondadoso con nosotros, se nos urge a responder presentándonos a Él.

En los tiempos del Antiguo Testamento un adorador hebreo debía presentar a Dios el sacrificio de un animal sin defecto como una expresión de adoración. Hoy Dios no quiere que le presentemos sacrificios muertos en un altar. Más bien, Él nos llama a presentarnos a Él como sacrificios vivos. Siendo que hemos sido limpiados por Jesucristo, Dios nos declara santos y, por tanto, sacrificios aceptables a Él.

Una comprensión de la misericordia de Dios debería mover a todos los creyentes a la adoración, al darse a sí mismos en un sometimiento total al Señor. Pablo llamó a esta entrega de nosotros mismos un «culto racional». La palabra griega traducida como «racional» es la base de nuestra palabra *lógica* en castellano. Entregarnos a nosotros mismos una vez y para siempre a Dios, en respuesta a su bondad, es lógico. Nunca debemos temer que una vez que Dios tenga el control de nosotros, nos hará la vida miserable. Es ilógico pensar que Dios, quien ha sido tan misericordioso en salvarnos, repentinamente se volviera desagradable con los que le adoran.

La verdadera adoración no es darle a Dios un porcentaje de nuestro dinero, tiempo, y servicio. ¡La verdadera adoración es ofrecerse a sí mismo para ser usado por Él a Su disposición y para Su gloria! ¿Se ha ofrecido usted a sí mismo a Él?

BIBLIOGRAFÍA

Erdman, Charles R. *The Epistle of Paul to the Romans* [La epístola de Pablo a los Romanos]. Westminster, 1925.

Gingrich, Roy E. *The Great Theodicy of Paul* [La gran teodicea de Pablo]. Riverside, 1986.

Hendriksen, William. *Romans* [Romanos]. Baker, 1980.

Hodge, Charles. *Commentary on the Epistle to the Romans* [Comentario sobre la epístola a los Romanos]. Baker, 1968

Lloyd-Jones, D. Martin. *Romans: An Exposition of Chapter 8:17–39: The Final Perseverance of the Saints* [Romanos: Una exposición de capítulo 8,17–39: La perseverancia final de los santos]. Zondervan, 1975.

MacArthur Jr., John. *Security in the Spirit* [Seguridad en el Espíritu]. Word of Grace, 1985.

McClain, Alva J. *The Jewish Problem and Its Divine Solution* [El problema judío y su solución divina]. B. M. H. Books, 1972.

McClain, Alva J. *Romans: The Gospel of God's Grace* [Romanos: El evangelio de la gracia de Dios]. Moody Press, 1973.

Packer, J. I. *Evangelism and the Sovereignty of God.* [Evangelismo y la soberanía de Dios]. InterVarsity Press, 1961.

Phillips, John. *Exploring Romans* [Explorando Romanos]. Moody Press, 1969. Reimpresión, Loizeaux, 1991.

Stifler, James. *The Epistle to the Romans* [La epístola a los Romanos]. Moody Press, 1983.

Thomas Sr., W. H. Griffith. *Paul's Epistle to the Romans* [La epístola de san Pablo a los Romanos]. Eerdmans, 1946.

Thomson, William M. *The Land and the Book* [La tierra y el libro]. Rev. ed. Baker, 1966.

Wiersbe, Warren W. *William Culbertson: A Man of God* [William Culbertson, un hombre de Dios]. Moody Press, 1974.

Walvoord, John F., and Roy B. Zuck. *The Bible Knowledge Commentary,* vol. 2, *New Testament* [El comentario de conocimiento bíblico, vol. 2, Nuevo testamento]. Victor, 1983.

ÍNDICE DE ESCRITURAS

www.ingramcontent.com/pod-product-compliance
Lightning Source LLC
Chambersburg PA
CBHW032040040426
42449CB00007B/958